A.H. Almaa

Das Elixier der Erleuchtung

A. H. Almaas

Das Elixier der Erleuchtung

Aus dem Amerikanischen von
Peter Brandenburg

arbor

Arbor Verlag

Published by arrangement with Samual Weiser, Inc.

Titel der amerikanischen Originalausgabe:
The Elixir of Enlightenment
2. Auflage 2007

Druck: Kösel, Krugzell

Dieses Buch wurde auf 100% Altpapier gedruckt und ist alterungsbeständig.
Weitere Informationen über unser Umweltengagement finden Sie unter www.arbor-verlag.de/umwelt.

www.arbor-verlag.de

ISBN 978-3-936855-63-0

Inhalt

Vorwort

Das Elixier, von dem der Titel dieses Buches spricht, ist *Essenz* – die Präsenz oder Substanz, die uns inspiriert und es uns ermöglicht, uns auf *Erleuchtung* zuzubewegen.

Wer versucht, das Problem des eigenen Leidens und des Leidens anderer Menschen anzugehen, stößt oft auf Barrieren oder Sackgassen, die schwer zu verstehen sind. Dieses Buch untersucht und erklärt einige dieser Barrieren. Es beschreibt, wie ein präzises Verstehen der Persönlichkeit des Suchenden die inneren Quellen eines Menschen befreien kann, so daß das essentielle Wesen selbst uns zu wirklichem Wissen hinführen kann, und zwar eher in Harmonie mit dem persönlichen Leben als in Widerstreit mit ihm.

Außerdem beleuchtet der Autor die Gründe dafür, daß die verschiedenen Lehren den »normalen« Menschen häufig nicht erreichen – solange die materiellen, emotionalen, mentalen und sozialen Realitäten, mit denen die meisten von uns identifiziert sind, abgelehnt und nicht angenommen und verstanden werden, werden wir nicht sehen, daß die Lehren für unser Leben von Bedeutung sind.

Die Auffassung, die in diesem Buch vermittelt wird, ist Teil eines weiteren Kontextes – der Autor ist Lehrer einer Schule, in der eine Synthese von modernen psychologischen Erkenntnissen und alter spiritueller Weisheit entstanden ist, die auch entsprechende Methoden und Techniken aus beiden Bereichen umfaßt.* Diese Arbeit ist aber nicht nur für diejenigen relevant, die diesen besonderen Kontext teilen. Jeder, der sich von den spirituellen und psychologischen Antworten auf das Thema des menschlichen Leidens, die es in der westlichen Welt zur Zeit im Überfluß gibt, angesprochen fühlt und doch letztlich enttäuscht ist, wird diese Analyse der Gründe für die begrenzte Wirksamkeit dieser Lehren und die ungewöhnliche Sicht der Beziehung zwischen unserer Persönlichkeit und unserem wahren Wesen, die hier vorgestellt wird, wertvoll finden.

Alia Johnson
Berkeley, Oktober 1983

---

* Siehe Seite 89

Kapitel Eins

Die Situation

Wir Menschen sind mit einem seltsamen Problem konfrontiert – einem Dilemma, das wir gewöhnlich für einen Teil des menschlichen Lebens halten, etwas das das Menschsein charakterisiert und zur intimen persönlichen Erfahrung fast eines jeden Menschen gehört.

Dieses Problem ist die paradoxe Situation, daß wir Glück, Freiheit und Befreiung wollen und doch weiter leiden – physisch, emotional, mental und spirituell. Wir wollen Glück – wir wollen Befreiung von unserem Leiden und unserer Not. Wir suchen dauernd Befreiung von emotionalen und mentalen Fesseln, aber wir leiden weiter. Sinnloses Leiden gibt es, wo man nur hinschaut. Genau betrachtet nimmt es sogar ständig zu. Selbst wenn sich unser Schmerz verringert, ist die Erleichterung gering und nur vorübergehend. Manchen Menschen gelingt es, Leiden in einem gewissen Maß zu akzeptieren. Das hilft, aber es löst nicht das Problem.

Glück entzieht sich uns permanent. Leiden und Weglaufen vor dem Leiden ist die dauernde Hauptbeschäftigung der Mehrheit der Menschen. In jedem Menschen liegt tief im Herzen, vielleicht nur kaum erfahren, eine Sehnsucht nach einem bestimmten Leben begraben – einem Leben, das frei und unbelastet ist, einem Leben voller Schönheit, Freude und Erfüllung. Aber dieses Leben bleibt ein Traum, ein unerreichbares und entferntes Ideal. Wenn wir Freude, Erfüllung und Schönheit empfinden, gehen diese Erfahrungen normalerweise kurz durch uns hindurch und hinterlassen eine tiefe Sehnsucht und ein Gefühl von Mangel. Permanente Erfüllung, ein Leben andauernder Schönheit und zunehmender Freiheit, wird selten verwirklicht.

Unsere Sehnsucht nach einem erfüllten Leben wird durch die Tatsache verstärkt, daß es im Verlauf der Jahrhunderte immer ein paar Einzelne gegeben hat, die dieses Ideal für sich zu einer schönen und lebendigen Wirklichkeit gemacht und mit dem Beispiel ihres Lebens gezeigt haben, daß dieses Ideal erreichbar ist.

Die meisten spirituellen Lehrer und Bewegungen haben dieses Ideal als ihr Ziel. Gleich ob sie psychologisch, spirituell oder essentiell orientiert sind – sie sehen Befreiung und Erfüllung als das Ziel innerer Arbeit. Im Verlauf der Geschichte haben verwirklichte Menschen der Menschheit diese Hoffnung gegeben – daß Befreiung möglich und erreichbar ist. Buddha zum Beispiel beschrieb Erleuchtung als die Erlösung vom Leiden des Menschen und Christus lehrte Freiheit durch Wahrheit und Liebe. Viele andere haben zu dieser Hoffnung beigetragen – Menschen, die sich selbst befreiten und aus Mitgefühl und Liebe bestrebt waren, ihre Mitmenschen in ihrer Suche nach Befreiung vom Leiden zu leiten.

Seit der Mensch angefangen hat, sich als ein getrenntes Ego zu erfahren und die damit gegebene Entfremdung von seinem wahren Sein zu erleben, hat es Lehrer und Religionen gegeben, deren Ziel es war, Menschen zu helfen, eine Verbindung mit dem essentiellen Wesen zu behalten oder zu ihm zurückzukehren. In jüngerer Zeit sind verschiedene Ansätze von Psychologie und Psychotherapie formuliert worden, um dem Menschen zu helfen, seine schlimmsten inneren Leiden zu lindern.

Viele Menschen haben von diesen Errungenschaften profitiert, ihr Leiden hat spürbar abgenommen, und sie haben vielleicht sogar ein wenig mehr Frieden und Erfüllung gefunden. Und auch die Menschheit als ganze hat davon profitiert. Und doch ist dieses Problem – daß der Mensch frei von Leiden sein will und doch weiter leidet – im Leben aller, außer ganz wenigen einzigartigen Einzelnen, sehr gegenwärtig. Leiden gibt es überall und ist immer noch die Grunderfahrung und Alltagsrealität der meisten Menschen.

Die Existenz von Lehren über Erleuchtung, Befreiung, Verwirklichung und ähnliches macht die Situation eher noch verwickelter. Wir sind zu der Auffassung gelangt, daß letztlich nur sehr wenige Einzelne wirklich auf diese Lehren ansprechen. Viele Menschen wissen, daß es sie gibt und was sie verheißen – aber nur wenige nehmen sie an und sogar noch weniger betreten wirklich einen der verschiedenen Wege. Viele hören oder lesen von den Lehren – viele glauben an sie und sehen viel Wahrheit in ihnen, aber nur wenige antworten innerlich, das heißt, handeln auch danach.

Lehrer und religiöse Führer werden das damit erklären, daß diejenigen, die nicht auf ihre Lehre ansprechen, von Gier, Selbstsucht, Gebundensein an äußere Dinge, Furcht, weltlichen Interessen oder Begierden, Egoismus oder Unwissenheit verblendet sind und sich so selbst daran hindern, sie zu verwirklichen.

Das ist offensichtlich wahr, aber damit ist nichts Nützliches ausgesagt. Diese Haltung, dem Schüler gerade das vorzuwerfen, was sein Leiden verursacht, führt nicht dazu, daß er sich ändert. Warum hat es bei der Lösung dieses Problems bisher keinen nennenswerten Fortschritt gegeben? Eine Lehre ist nur dann von Nutzen, wenn sie Menschen erreichen kann, nur wenn sie sie auf eine Weise erreichen kann, die es ihnen möglich macht, wirklich innerlich auf sie zu antworten. Den Suchenden selbst die Schuld zu geben und zu sagen, daß sie unwissend und egoistisch seien, hilft nicht. Das Ziel einer Lehre ist es ja gerade, zu helfen und nicht zu erklären oder Vorwürfe zu machen. Eine Lehre ist nützlich, wenn sie einem Menschen dabei helfen kann, Befreiung zu erlangen, aber sie ist bedeutungslos, wenn man nicht die ersten Schritte auf die Befreiung hin tut.

Vieles, was die Lehren als Botschaft enthalten, hat sich für die meisten Menschen als irrelevant oder als aktiv entmutigend herausgestellt. Es scheint wenig Verbindung zwischen den aktuellen Problemen im Leben eines Menschen und den religiösen und spirituellen Lehren zu geben, denen man begegnet. Zum Beispiel gibt es die verbreitete Vorstellung, daß nur diejenigen, die ihre weltlichen Probleme *verlassen* und Mönche, Nonnen, Yogis oder Heilige werden, tiefes Wissen vom wahren Sein erlangen können. Während des größten Teils der menschlichen Geschichte ist es diesen Lehren also nicht gelungen, den normalen Menschen zu erreichen.

Die Frage nach dem eigenartigen Versagen spiritueller Lehren, wirkliche Befreiung möglich zu machen, wird noch bedeutsamer, wenn wir unsere Aufmerksamkeit auf diejenigen richten, die wirklich einer Lehre folgen und einen Weg beschreiten. Hier wird es noch rätselhafter. Man sieht, daß die große Mehrheit dieser Individuen keine Verwirklichung erlangt. Es sind nur sehr wenige, die tatsächlich zur Freiheit von ihrem Leiden gelangen, indem sie dem einen oder anderen spirituellen Weg folgen – eine winzige Minderheit.

Manche finden sicherlich ein gewisses Maß an Frieden, Erfüllung oder einen gewissen Grad von Freiheit. Aber das ist deutlich weniger, als das, was sie angestrebt haben, und auch weniger als das, was möglich ist. Ist es nicht merkwürdig, daß die Aufrichtigkeit ihrer Bemühungen und die Sehnsucht ihres ganzen Wesens ihnen nicht zu dem verhelfen kann, was sie wünschen?

Warum ist das so? Wie ist das möglich? Wie kommt es, daß nur wenige das Verheißene, ein Leben echter Erfüllung erlangen? Die Lehrer der verschiedenen Wege erklären: Jene Leute, die versagen, werden von ihrem Egoismus behindert; sie konnten nicht ihre Selbstsucht aufgeben; ihre Bindungen an Äußeres standen ihren Absichten im Wege.

Und auch das ist sicher wahr. Aber so wahr wie es ist, daß es die Verantwortung des Schülers ist, Bindungen an Äußeres aufzugeben, sich seiner Angst, seiner Gier, seiner Selbstsucht zu stellen und über sie hinauszugehen, so liegt es in der Verantwortung des Lehrers, in seiner Kommunikation mit dem Schüler genau und effektiv zu sein und mit großer Geschicklichkeit und Verständigkeit vorzugehen.

Wir wollen verstehen, warum so wenige die Freiheit verwirklichen, die sie suchen. Vielleicht finden wir in den Lehren, in ihren Methoden, ihren Formulierungen oder in der Art, in der sie vermittelt werden, irgendwelche vernachlässigten Bereiche. So bekommen wir vielleicht Hinweise, wie wir mit diesem Dilemma umgehen können.

Wir fragen also weiter: Wie kommt es, daß die Lehren außer in einigen wenigen Fällen nicht die gewünschte Wirkung haben? Wie kommt es, daß all diese wunderbaren Lehren und diese vielen mächtigen Methoden nur wenige berühren, wenige der vielen, die diese Lehren tatsächlich praktizieren? Ein verwirklichter Lehrer hat vielleicht Tausende von Schülern, aber selten erlangt auch nur eine Handvoll von ihnen vollkommene Befreiung.

Gewöhnlich heißt es dann, wie schon erwähnt, daß der Schüler versagt hat, daß seine Bereitschaft oder seine Hingabe nicht vollständig oder tief genug waren. Das ist wahr. Aber die Verantwortung hört hier nicht auf. Denn es ist auch wahr, daß der Lehrer versagt hat: der Lehrer war nicht in der Lage, in den Geist oder das Herz des Schülers einzudringen. Es ist ein gemeinsames inneres Unterfangen. Lehrer und Schüler arbeiten zusammen. Wenn das Unternehmen fehlschlägt, haben beide versagt. Und auch die Lehre hat versagt.

Bisher hat der Schüler die Hauptschuld am Mißlingen getragen. Wir aber sagen hier, daß mehr Faktoren beteiligt sind und daß sie alle für das Mißlingen verantwortlich sind: der Schüler, der Lehrer, die Lehre und die Methoden. Es geht nicht darum, wer oder was im Unrecht ist. Wir wollen verstehen. Das Verstehen kann uns dann weiterhelfen, einer möglichen Lösung näherzukommen.

Es kann vollkommen wahr sein, daß der Schüler sich der Lehre nicht hingegeben hat, sich bei den Übungen nicht genug bemüht oder mit seinem Ich oder seiner Persönlichkeit zu sehr identifiziert ist. Aber hier fragt man mit Recht: Kann man in dieser Situation etwas tun? Ist es möglich, mit einem solchen Schüler so zu kommunizieren, daß man seinen Widerstand auf eine Weise durchdringen kann, die ihn der Befreiung näherbringt, die er wünscht? Gibt es eine wirklich effektive Methode, die das Unternehmen erfolgreich, oder zumindest erfolgreicher, machen kann?

Bei der Erwägung dieser Fragen begegnen wir dem ungeprüften Glauben, daß es normal ist, wenn es nur so wenigen gelingt, weil Befreiung zu erlangen an sich schon so schwierig ist. Viele Lehrer haben gesagt, daß das Erlangen von Befreiung und Erfüllung die schwierigste Aufgabe ist, die es gibt.

Aber wir fragen: Liegt es wirklich im Wesen dieses Unterfangens, daß es so schwierig und fast unmöglich ist, es zu vollenden? Liegt es im Wesen dieses Unterfangens, oder könnte es sein, daß unser Verstehen nicht weit genug entwickelt ist, die Verwirklichung von Befreiung mehr in unsere Reichweite zu rücken? Und abgesehen von der Frage vollkommener Befreiung: Gibt es für eine größere Anzahl Menschen die Möglichkeit, zu einem gewissen Grad Befreiung zu erlangen, so daß ihr Leben an Wahrheit, Liebe und Freude orientiert ist?

Ist es möglich, daß es in unserem Wissen Lücken gibt? Ist es möglich, daß es eine besondere Art Wissen gibt, das uns aber noch nicht zur Verfügung steht? Kann es sein, daß wir ein bereits existierendes Wissen noch nicht anwenden?

Wenn wir glauben, daß die ganze Schwierigkeit in der Natur des Unterfangens selbst liegt, dann kann man nicht viel tun, und die Situation ist ziemlich hoffnungslos. Wenn das aber nicht der Fall ist, wenn ein Teil der Schwierigkeit, oder vielleicht sogar ein großer Teil, an anderen Faktoren liegt, welche sind dann jene Faktoren und was genau kann man tun?

Unserer Ansicht nach liegt die Schwierigkeit zwar in gewisser Weise in der Natur der Aufgabe, sie liegt aber auch an anderen Faktoren – und diese anderen Faktoren kann man erkennen und isolieren, und man kann mit ihnen umgehen. So werden wir ein gewisses Verstehen gewinnen und Wege finden, wie man effektiver mit dem Dilemma umgehen kann.

Im nächsten Kapitel werden wir einige der allgemeinen Faktoren diskutieren, von denen wir wissen, daß sie zur gegenwärtigen Situation auf eine Weise beitragen, die auf eine Lösung hinweist. Im abschließenden Kapitel werden wir einige mögliche Lösungen für das Problem des menschlichen Leidens diskutieren: Lösungen wenigstens für einige der Faktoren, die zu dieser Situation beitragen.

Kapitel Zwei

Das Problem

Unseren Versuch, einige der Faktoren zu beschreiben, die zum Dilemma des Menschen beitragen, unternehmen wir im Geist der Unterstützung und Förderung des schon existierenden Wissens um das Problem des menschlichen Leidens und dessen Lösung. Wege zur Befreiung des Menschen sind seit uralter Zeit bekannt, und je nach der Zeit und dem jeweiligen Lehrer sind sie verschieden formuliert worden.

Wir bieten hier keine grundlegend neuen Lösungen an, und wir lehnen die Lösungen oder die Lehren, die es schon gibt, auch nicht ab. Die wichtigsten Lehren, wie die des Buddha, von Christus und von Mohammed, sind zeitlos und universell und haben viel dazu beigetragen, der Menschheit zu dienen. Wir versuchen, ein paar der Einstellungen ans Licht zu bringen, die Lehrer und Schüler behindern. Wir möchten einige der Faktoren hervorheben, die ignoriert oder nicht erkannt und in den meisten Fällen nicht berücksichtigt werden. Zunächst möchten wir verstehen, warum so wenige Menschen auf die schon existierenden Lehren ansprechen, und uns dann der Frage zuwenden, warum der größte Teil der Schüler einer jeden Lehre die Aufgabe nicht wirklich erfüllt – sein Ziel nicht erreicht. Wir möchten besonders, und so weit das möglich ist, untersuchen, was eine bestimmte Lehre in Einzelfällen effektiv sein läßt, nicht aber in der großen Mehrheit der übrigen Fälle.

Wir werden nicht besonders detailliert auf die Faktoren eingehen, die schon bekannt und allgemein akzeptiert sind, wie den Einfluß der Umwelt, der Gesellschaft, der Wirtschaft, der Konditionierung in der Kindheit und der Seltenheit wirklicher Lehrer. Unser Interesse an schon erwähnten Ursachen – wie der Rolle, die Egoismus, Selbstsucht, Gebundenheit an Äußeres, Unwissenheit und Begehren spielen – wird darin bestehen, sie unter einem anderen Gesichtspunkt zu diskutieren.

Es ist interessant, daß diese Ursachen nicht nur unser Versagen im Lindern unseres Leidens erklären, sondern auch das Leiden selbst. Die Ursache von Leiden und dem Mangel an Freiheit und Zufriedenheit wird in Unwissenheit, Selbstsucht, Gier, Bindung an Äußeres und ähnlichem gesehen. Diese Faktoren sind in der Tat eine Erklärung für Mangel an Erleuchtung und Erfüllung. Wirkliche Lösungen schließen normalerweise ein, daß diese Faktoren beseitigt werden.

Obwohl diese Faktoren die Schwierigkeit erklären, spirituelle Wege zu verfolgen, hilft uns einfaches Erklären der Schwierigkeit nicht, sie zu beseitigen.

Wir wollen für einen Augenblick unsere Aufmerksamkeit einem allgemein bekannten Faktor zuwenden, der zum Leiden des Menschen beiträgt – dem *Begehren.* Viele Lehren haben betont, daß der Mensch sein Leiden vergrößert, wenn er seinen üblichen Begierden nachgibt und es sich vor allem schwer macht, einen Weg der Befreiung zu gehen. Begehren von Lust, von Liebe, von Sicherheit, von was auch immer, wird als eine größere Barriere zur Verwirklichung gesehen. Die meisten Religionen und die meisten Lehrer haben der Menschheit diese Botschaft vermittelt.

Aber die Reaktion auf diese Botschaft ist minimal. Man bewundert und liebt vielleicht eine Lehre, aber normalerweise reagiert man nicht auf diese Einsicht in das Begehren. Manche übernehmen diese Auffassung vielleicht aus Verehrung für eine Lehre oder einen Lehrer tatsächlich, aber sie antworten doch nicht innerlich auf sie und handeln auch nicht ihrer Auffassung entsprechend. Oft unternehmen sie sogar nicht einmal den Versuch, dieser Lehre wirklich zu folgen.

Betrachten wir zum Beispiel die Mehrheit der buddhistischen Schüler. Sie glauben an die Wahrheit von Buddhas Lehre über das Begehren. Aber sie berührt sie oder ihr Leben nicht wirklich so, daß sie zu ihrer Befreiung führt. Nur wenige lassen sich ganz auf sie ein.

Das ist sehr seltsam. Die Auffassung ist korrekt. Begehren ist tatsächlich eine der Hauptwurzeln von Leiden. Alle verwirklichten Wesen haben das gesehen. Die Schüler sind von dieser Auffassung überzeugt, haben Vertrauen in ihre Lehrer, lieben den Buddha und seine Lehre. Und doch leben sie ihr Leben nicht wirklich dieser Wahrheit entsprechend – nicht so, daß es von Bedeutung wäre.

Und auch das ist seltsam. Es ist eigentlich dasselbe Dilemma, das wir in Kapitel Eins diskutiert haben. Aber jetzt sehen wir es konkreter und deutlicher, und vielleicht hilft uns die klarere Fokussierung dabei, etwas zu verstehen. Schauen wir uns die Situation näher an. Der Schüler glaubt, daß Begehren die Wurzel des Leidens ist, wie der Buddha und sein Lehrer oder Guru ihm gesagt haben. Aber glaubt er es wirklich? Wenn er es glaubt, glaubt er es mit dem Kopf, mit seinem Intellekt. Aber sein Herz glaubt es nicht ganz, und auch nicht sein Körper. Obwohl er behauptet, daß er glaubt und auf einer gewissen Ebene vielleicht versteht, daß Begehren die Wurzel von Leiden ist, begehrt er doch weiter Lust, Liebe, Anerkennung, Sicherheit, materiellen Besitz, Ruhm und so weiter. Und nicht nur das – auch glaubt er fest an die Richtigkeit dieses Begehrens. Er stellt auf einer tiefen Ebene diese Begierden nicht in Frage. Sein Leben ist auf ihnen aufgebaut und auf jede Weise von ihnen geformt. Mehr als alles glaubt er an seine Begierden, besonders in den Tiefen seines Unbewußten. Und so glaubt er auf dieser tiefen Ebene nicht an die Lehren Buddhas, unabhängig davon, wie sehr er die Lehre liebt und respektiert und ihr folgen will.

Und weil er auf dieser tiefen Ebene nicht an die Lehre glaubt und sie unbewußt sogar ablehnt, kann er nicht von ihr berührt werden und ihr in seinem Leben nicht folgen. Oder er findet es zumindest schwer, ihr zu folgen, weil er in der Tiefe seines Unbewußten keine Beziehung zu ihr hat. Wenn er seine Erfahrung anschaut, findet er keinen Grund, warum er an die Lehre glauben sollte. Er hat die Wahrheit dessen, daß Begehren die Wurzel von Leiden ist, nicht erfahren. Der Glaube an die Lehre ist für ihn noch kein wirkliches Wissen. Er kann nicht tief glauben, weil er kein Erfahrungswissen davon besitzt, daß Begehren Schmerz verursacht. Er kann sehen, daß das Verfolgen von einigen seiner Begierden, zum Beispiel nach materiellem Besitz oder Liebesbeziehungen oder Status, mit seinem Leiden in Beziehung stehen. Er kann vielleicht sogar sehen, daß er weiter leidet, selbst wenn einige seiner Begierden befriedigt werden. Ein neues Auto bringt nur vorübergehend Stolz, ein neuer Job nur einen kurzen Zuwachs an Selbstwertgefühl. Aber was immer an neuen Begierden erscheint und die alten ersetzt, einschließlich des Begehrens, sein Leiden dadurch zu beenden, daß er »erleuchtet« wird, hat genau das gleiche Leiden zur Folge wie die ursprünglichen »naiven« Begierden.

Der Glaube eines Schülers an die Lehre über das Begehren wird von einem tieferen Unglauben und einer unbewußten Ablehnung der Lehre unterminiert. Der Schüler verwirft die Lehre, weil er sich selbst glaubt. Er glaubt seiner Erfahrung. Sein Lehrer kann sehr deutlich sehen, daß die Schwierigkeiten des Schülers in seinen Begierden begründet sind, aber er selbst kann das nicht sehen.

Der Schüler wird also von der Lehre nicht wirklich berührt, weil sie nach seiner persönlichen Erfahrung, die auf Begehren beruht und immer beruht hat, nicht wahr ist. Die Lehre ist wahr für Buddha, aber nicht für ihn. Sie ist letztlich auch für ihn wahr, aber er weiß das nicht. In Wahrheit widerspricht die Lehre seinen Grundüberzeugungen und seinem Verständnis seiner Erfahrung. In den Tiefen seiner Persönlichkeit glaubt er, daß er bekommt, was immer er will oder braucht, wenn er es nur genug begehrt, und daß er nicht haben kann, was er möchte, wenn er es nicht begehrt. In den Tiefen seines Unbewußten fühlt und glaubt er sogar, daß er physisch nicht überleben wird, wenn er seinen Begierden nicht folgt. Alle verwirklichten Menschen erlangen ihre Verwirklichung, indem sie selbst sehen, daß sie an ihre Begierden glauben, allein um physisch zu überleben. Der Durchschnittsmensch glaubt das auch, aber er weiß nicht, daß er es glaubt. Dieser Glaube leitet nichtsdestoweniger sein Leben in einem Ausmaß, dessen sich sehr wenige Menschen bewußt sind.

Die »Edle Wahrheit«, daß Begehren die Wurzel allen Leidens ist, ist eine so tiefe Wahrheit, daß sie nicht leicht aus der Erfahrung zu gewinnen ist, außer nach langer innerer Arbeit. Es wäre naiv, sich vorzustellen, daß der Schüler von dieser tiefen universellen Wahrheit allein dadurch überzeugt werden kann, daß er sich die Begierden anschaut, die ihn im Alltag bewegen, und die Frustration bemerkt, die entsteht. Wenn jemand infolge einer Begierde leidet, schreibt er dieses Leiden gewöhnlich dem Mangel oder dem Verlust von Befriedigung zu und nicht dem Begehren selbst. Das bedeutet, daß seine Begierde für ihn an sich in Ordnung ist, wenn er nur Befriedigung erlangt, das heißt, wenn er bekommt, was er möchte.

Aber das ist nicht Buddhas Lehre über das Begehren. Das Thema ist nicht die Möglichkeit, daß man keine Befriedigung erlangt. Die Lehre ist darin sehr deutlich, daß die Bewegung des Begehrens selbst Leiden ist. Aber diese Beobachtung ist sehr subtil. Man kann sie nur auf einer sehr feinen Bewußtseinsebene verstehen. Tatsächlich gelangt man erst dann zur vollen Überzeugung von der Lehre von der Begierde, wenn man spätere Stufen des Weges erreicht hat und man selbst sehen und fühlen kann, daß die Lehre wirklich wahr ist.

Für den Durchschnittsschüler ist die Situation sehr schwierig. Der Schüler verwirft nicht nur die Lehre auf eine tief unbewußte Weise, sondern er kann außerdem auch nicht sehen, wie sie für ihn oder sein Leben von Bedeutung ist. Seine Alltagssorgen haben, soweit er sehen kann, nichts mit der Frage von Begehren oder Nicht-Begehren zu tun. Was ihn im Alltag beschäftigt, worauf seine Aufmerksamkeit und sein Interesse gerichtet sind, liegt nicht auf der Ebene, auf der die Frage nach Begehren relevant ist. Vielleicht beschäftigen ihn bestimmte schwierige Lebenssituationen, und sein wahres Interesse geht dahin, zu lernen, sie zu bewältigen. Vielleicht hat er mit emotionalen Konflikten zu tun, die zuerst gelöst werden müssen, um überhaupt die Energie zur Verfügung zu haben, über Begierden nachzusinnen. Vielleicht ist er primär mit Themen beschäftigt, die mit seinem Selbstbild zu tun haben und von denen er sich schwer lösen kann. Natürlich liegt auch an der Wurzel dieser Sorgen das Thema Begehren, aber sein Bewußtsein kann nicht bis zu dieser Tiefe gelangen. So oder so wird er zuerst an seinen eigenen Themen arbeiten müssen. Es wäre unrealistisch zu erwarten, er könnte alles, was ihn so umtreibt, unter der Perspektive des Themas Begehren sehen.

Aus all dem ersehen wir, daß die Lehre für den Durchschnittsschüler nicht relevant ist, obwohl das, was sie über Begehren lehrt, präzise und von großem Wert ist. Sie ist nicht relevant, weil er nicht in der Lage ist, zu ihr in irgendeiner realen Weise eine Beziehung zu haben. Die Lehre ist so, wie sie formuliert und verbreitet wird, für ihn, für sein Leben und für seinen Bewußtseinszustand nicht passend.

Diese Lehre wird mächtig und effektiv, wenn sie einem Menschen gegeben wird, der schon sehr viel innere Arbeit getan hat und der seine Bewußtheit und seinen Bewußtseinszustand zu einem sehr subtilen und hohen Niveau entwickelt hat. Wenn ein Mensch den Zustand innerer Entwicklung erlangt hat, wo es möglich ist, das Thema Begehren als wesentlich für die eigene Weiterentwicklung zu erkennen, dann kann die Lehre wirken. Aber sogar dann ist es nicht genug für den Menschen, die subtile Bewegung des Begehrens wahrnehmen zu können, damit er bereit ist, Begierden loszulassen. Er muß auch eine Stufe erreicht haben, wo er erkennen und fühlen kann, daß Begehren eine Belastung, ein Hindernis ist. Er muß erkennen und fühlen können, daß Begierde ein Thema ist, das bearbeitet werden muß.

Vielleicht ist es leichter, diesen Punkt zu verstehen, wenn wir etwas Einfacheres als Begehren betrachten. Nehmen wir zum Beispiel einen Menschen, dessen Haltung es ist, andere kritisch und abwertend zu betrachten. Dieser Mensch ist sich dieser Gewohnheit vielleicht ziemlich bewußt. Vielleicht ist ihm auch bewußt, wie schlecht er sich fühlt, wenn er andere abwertet. Aber das bedeutet nicht notwendigerweise, daß er damit aufhört. Er verhält sich vielleicht weiter auf eine sehr selbstgerechte Weise abwertend, ganz unabhängig von seiner Wahrnehmung der Situation. Er sieht seine abwertende Haltung noch nicht als etwas Unerwünschtes. Solche Situationen sind sehr häufig.

Für diesen Menschen ist seine beurteilende Haltung ichsynton – das bedeutet, sie steht in Einklang mit seiner Persönlichkeit und fühlt sich für ihn nicht fremd oder unerwünscht an. Sie paßt zu der Vorstellung, die dieser Mensch von sich selbst hat und ist ein Teil von ihr. Sie stört nicht sein Wohlbefinden. Ein Charakterzug, wie zum Beispiel eine abwertende Haltung, muß für einen Menschen erst ichfremd werden, damit er etwas unternimmt oder diesen Zug überhaupt als ein Thema sieht, das verstanden werden sollte. »Ichfremd« bedeutet, daß dieser Zug als fremd für das Ich, als nicht konsistent mit seinen Interessen und als seiner übrigen Persönlichkeit entgegenwirkend erfahren wird.

Kein Charakterzug oder Teil der Persönlichkeit kann also ein Objekt für Verstehen oder Auflösung werden, solange er ichsynton ist. Wenn er ichfremd wird, dann beginnt sich der Mensch unwohl zu fühlen, und es wird für ihn wichtig, diesen Teil der Persönlichkeit zu beachten und etwas in Bezug auf ihn zu unternehmen.

Wenn wir nun zum Thema Begehren zurückkehren, sehen wir, daß es erst Gegenstand innerer Arbeit werden kann, wenn man es als ichfremd empfindet. Der Durchschnittsschüler erfährt Begehren sehr lange als ichsynton, und daher ist es für ihn kein Thema. Das gilt besonders auch für die Menschen, die sich nicht dafür entschieden haben, dem Weg innerer Arbeit zu folgen. Diese sind sehr weit davon entfernt, Begehren als ichfremd zu sehen. Für den größten Teil der Menschheit ist Begehren ein wesentlicher Teil des Gewebes ihres Alltags.

Kein Wunder also, daß so wenige Menschen auf diese Lehren ansprechen. Dem Durchschnittsmenschen zu sagen, er müsse Begehren aufgeben, um glücklich zu sein, ist absurd. Zum einen hat das keine Bedeutung für ihn – aber noch wichtiger ist, daß Begehren noch ichsynton ist. Die Form, in der die Lehre präsentiert wird, wird von den meisten Menschen als ichfremd erfahren. *Die Lehre selbst wird als ichfremd erfahren.* Damit sie eine Wirkung haben kann, muß man sie erst als ichsynton erfahren können. Das bedeutet, sie muß auch auf eine Weise präsentiert werden, die ichsynton ist. Die Lehre muß es ermöglichen, daß der Schüler in seinem eigenen Leben erfahren kann, daß Begehren ein Hindernis ist – daß es die Erfüllung seiner ureigensten Ziele vereitelt.

Das Thema ist hier also nicht nur eine Sache von Genauigkeit in der Formulierung der Lehre. Wenn sie umfassend effektiv sein soll, muß sie auf eine Weise präsentiert werden, die für den Durchschnittsmenschen und auch für den Schüler verdaulich ist. Das ist eine Frage der Kommunikation und der Einfühlung, des Taktes, der Geschicklichkeit des Lehrers und seines Vorgehens. Verstand und Bewußtseinszustand eines Menschen müssen berücksichtigt werden, wenn die Vermittlung angemessen und wirksam sein soll.

Wir haben die Situation nur sehr allgemein und nur in der Hinsicht besprochen, was die Lehren über Begehren sagen, aber unsere Auffassung hat einen viel weiteren Geltungsbereich. Sie gilt auch für die spezielleren Aspekte und die anderen wichtigen Themen der Lehren.

In der Beziehung zwischen Lehrer und Schüler trägt der Lehrer die Verantwortung für eine angemessene und taktvolle Kommunikation. Das macht einen guten und effektiven Lehrer aus. Ein guter Lehrer gestaltet eine Situation für den Schüler auf eine sehr persönliche Weise und berücksichtigt die individuelle Situation des Schülers und seinen Bewußtseinszustand. Er wird zum Beispiel sehen, daß das Thema Begehren warten muß, bis eine Zeit kommt, wenn der Schüler bereit ist, Begehren zu verstehen. Er tut, was er kann, damit der Schüler schließlich die Stufe erreicht, wo er Begehren als ichfremd empfindet und merkt, daß es letztlich nicht mit seinem Wohlbefinden vereinbar ist.

Wenn der Lehrer aber einfach all seinen Schülern Vorträge zum Thema Begehren hält, ohne Rücksicht auf individuelle Unterschiede, kann er in seiner Arbeit mit ihnen natürlich nicht effektiv sein. Nur wenige werden die Lehre annehmen und sie nutzen können. So stellt sich die Frage: wie kann das dann ausschließlich der Fehler des Schülers sein?

Wir sehen hier, daß innere Arbeit eine sehr intime und persönliche Sache ist. Allgemeine Lehren, unabhängig davon wie tief und universell sie auch sind, haben keine Wirkung. Die Lehre muß so formuliert und vermittelt werden, daß sie auf möglichst intime und persönliche Weise eine Wirkung auf den einzelnen Schüler hat. Die Lehre muß zum Herzen des Schülers sprechen. Er muß die Lehre auf eine sehr persönliche Weise zu seinem eigenen Leben in Beziehung setzen können. Er muß sehen können, daß sie ganz besonders und tief seine Alltagsthemen und -konflikte betrifft, sonst nützt und bewirkt sie nichts.

Es gibt Lehrer, die den Bewußtseinszustand und die jeweilige Lebenssituation ihrer Schüler weitestgehend in Betracht ziehen. Aber solche Lehrer sind selten – die meisten, zumindest die bekanntesten, arbeiten nicht in dieser Weise. Sie stellen all ihren Schülern ohne Unterschied die allgemeinen Prinzipien der Lehre vor, und ihre Systeme haben feste Prinzipien und feste Übungen, die alle Schüler beachten sollen, unabhängig von ihren individuellen Unterschieden.

Individuelle Beachtung der Situation des Schülers darf nicht mit einer persönlichen Beziehung zum Schüler verwechselt werden. Vielleicht schenkt der Lehrer dem Leiden und dem Fortschreiten des Schülers sogar persönliche Aufmerksamkeit, aber er geht mit der ganzen Situation doch noch aus der Perspektive der allgemeinen Prinzipien der Lehre um. Mit anderen Worten, der Lehrer kümmert sich vielleicht sehr um den einzelnen Schüler, aber wie er zu ihm spricht und mit ihm umgeht ist dabei noch von einer allgemeinen Perspektive bestimmt, die der Situation des Schülers zu diesem Zeitpunkt weder angemessen ist noch präzise zu ihr paßt. Zum Beispiel versucht der Lehrer den Schüler vielleicht auf das Thema des Selbst zu lenken – auf das Haben oder Nichthaben eines Selbst. Und obwohl das auf der tiefsten Ebene sicher das Thema des Schülers ist, kann es sein, daß sich der Schüler vom Thema des Selbstwertes bei weitem mehr angesprochen und viel stärker betroffen fühlt. Es ist möglich, daß der Schüler so sehr mit seinem Mangel an Selbstwert beschäftigt ist, daß er keine Beziehung zur Frage des Selbst herstellen kann. Und als Ergebnis sagt der Lehrer dem Schüler dann vielleicht – wenn auch liebevoll und mit Mitgefühl – daß er zu sehr mit sich selbst beschäftigt und egozentrisch sei und daß er deshalb leide.

Obwohl das wahr ist, ist das Thema des Selbst noch ichsynton. Unabhängig davon, wie sehr der Schüler seinen Lehrer liebt und respektiert, kann er das Thema des Selbst nicht zu seinem persönlichen Anliegen machen. Er ist von dem Thema betroffen, daß er eben fühlt, daß er keinen Wert hat. Er sagt: „Ich fühle und glaube, daß ich keinen wirklichen Wert habe." Der Lehrer sagt: „Du kreist zu sehr um dich selbst. Vielleicht mußt du die Identifizierung mit deinem Selbstgefühl lösen." Obwohl der Schüler vielleicht äußerlich zustimmt, fühlt er tief in sich: „Der spricht nicht mit mir. Ich leide, weil ich mich wertlos fühle. Ich habe das Gefühl, daß ich keinen Wert habe. Ich muß erst damit fertig werden, bevor ich auch nur daran denken kann, ob ich ein beständiges Selbst habe oder nicht."

Sowohl der Lehrer als auch der Schüler haben recht, aber sie kommunizieren auf verschiedenen Ebenen miteinander, und der Lehrer hat nicht verstanden, was für den Schüler zur Zeit entscheidender ist. Tatsache ist, daß der Schüler, wenn er bei dem Thema des Selbstwertes bleibt und es versteht, in der Lage sein wird, sich von da aus weiterzubewegen und schließlich zu sehen, daß das Thema des Selbst an seiner Wurzel liegt. Er wird auf dieser tieferen Stufe zu seiner Zeit ankommen, aber nicht bevor diese andere Schicht von dringenderer Bedeutung – der Selbstwert – erkannt und durchgearbeitet ist. Vielleicht neigen wir dazu, zu denken, weil er das Gefühl hat, sein Selbst habe keinen Wert, werde es möglicherweise leichter für ihn sein, es loszulassen. Aber die Konditionierung der Persönlichkeit funktioniert so nicht. Wenn jemand ein Gefühl von Mangel an Wert spürt, ist es wahrscheinlich, daß er seine Bindung an sein Selbst nicht loslassen wird, denn das soll ja zu Befreiung und Erfüllung führen, und er fühlt sich zu wertlos, als daß er eine solche Errungenschaft verdiente.

Wir sehen mehr und mehr, daß das Lehren nicht einfach in einer allgemeinen Weise stattfinden kann. Universelles Lehren, unabhängig davon wie tief und wahr, muß auf die spezifischen Bedürfnisse des einzelnen Menschen zugeschnitten sein. Sonst ist die Lehre unwirksam und das ist nicht der Fehler des Schülers.

Ein Beispiel ist hier besonders hilfreich – das der Lehren von Krishnamurti. Er lehrte mehr als fünfzig Jahre eine bestimmte Auffassung. In seiner Lehre geht es vor allem um die unmittelbare, ichlose Bewußtheit. Wenn jemand nur einfach seine Aufmerksamkeit auf den Prozeß des Geistes richtet, wie er um sich selbst kreist und wie er aus Wissen besteht, das von Zeit und Gedächtnis abhängt, dann wird schließlich freie Bewußtheit entstehen, die leer und frei von jedem Selbst oder Ich ist, und diese freie, ichlose Bewußtheit wird zu einem Ende von Angst, Konflikt und Leiden führen.

In seinen Reden beschreibt Krishnamurti auf brilliante Weise diesen Aspekt der Realität – den Aspekt von Leere-Bewußtheit. Seine eindringliche Beschreibung dieser Weise, Realität zu erfahren, ist vielleicht die beste, die es gibt. Er spricht von einer sehr tiefen Wahrheit, einer der tiefsten, die für den menschlichen Geist zugänglich ist. Es ist eine Wahrheit, die wirklich auf eine notwendige Bedingung von Erleuchtung und Befreiung hinweist. Und doch – wie wirksam ist Krishnamurti gewesen? Tausende und Tausende lauschen der Wahrheit seiner Vorträge. Seine Anhänger lieben ihn, können ihn als einen freien Mann sehen und schätzen, aber wie viele verstehen diese tiefe und universelle Lehre und haben den Grad an Verwirklichung erlangt, den Krishnamurti selbst erlangt hat?

Es gibt nicht einen einzigen bekannten Fall. Warum ist das so? Er verkörpert den Zustand, von dem er spricht. Seine Lehre kommt direkt aus seiner persönlichen Erfahrung. Und doch, niemand versteht ihn ganz. Niemand versteht auf eine Weise, die wirklich ist, eine Weise, die bedeutsam ist – auf Dauer bedeutsam. Er war nicht in der Lage, seine Perspektive in ihren wichtigsten Aspekten zu vermitteln.

Es gibt Menschen, die Krishnamurti ganz verstehen, aber diese wenigen hatten dieses Verstehen schon durch ihre eigenen Anstrengungen und waren in ihrem Bewußtsein weit genug entwickelt, um in der Lage zu sein, ihm zuzuhören und ihn zu verstehen.

Krishnamurtis Lehre, obwohl einfach, elegant und wahr, erweist sich für die meisten Menschen, die ihm zuhören, als unwesentlich. Sie können ihn nicht verstehen, weil sie vieles andere über sich und ihren Geist verstehen müssen, bevor sie zu dem, was er sagt, überhaupt eine Beziehung haben können. Seine Worte dringen nicht in sie ein und seine Lehre hat zu ihrem persönlichen Leben keine Beziehung. Viele von ihnen verstehen ihn intellektuell – aber das ist nicht ein wirkliches Verstehen, und sie glauben, was er sagt, aber es transformiert sie nicht.

Krishnamurti sagt, seine Lehre sei einfach und unmittelbar. Er hat gesagt, daß man ihm zuhören und ihn verstehen und auf der Stelle transformiert sein kann, bevor man den Vortragssaal verläßt. Das ist alles sehr wahr, aber es ist nur in Krishnamurtis eigener Wahrnehmung einfach und unmittelbar. Der Zustand, den er beschreibt, wird als einfach erfahren. Er ist einfach und gewöhnlich und sehr nah am einzelnen Menschen. Er ist tatsächlich die wahre Natur von Bewußtheit – einfach, leer, klar.

Aber diese Aussage berücksichtigt nicht den Bewußtseinszustand der meisten seiner Zuhörer. Ihr Geist ist mit anderen Dingen beschäftigt, ist voll von allen möglichen Sorgen und Konflikten, die sie nicht bereit sind aufzugeben. Diese Sorgen und Konflikte bilden nicht nur ihr Leben, sondern auch ihre Identität. Sie können deshalb nicht einfach bewußt sein.

Krishnamurti fordert seine Zuhörer zu nichts geringerem auf, als ihr Ego und ihr Gefühl von Selbst-Identität aufzugeben. Aber dieses Selbstgefühl impliziert eine Menge und vieles davon ist unbewußt, dem Bewußtsein nicht ohne weiteres zugänglich. Es ist dieses Selbstgefühl, das den Geist, die Bewegung der Gedanken und den Fokus der Aufmerksamkeit noch beherrscht.

Nicht nur ist es für den Zuhörer nicht leicht, Krishnamurti zu verstehen – der Durchschnittsschüler kann ihn nicht einmal wirklich ernst nehmen. Wenn der Zuhörer seinen Geist und sein Herz erforscht, dann wird er sehr wahrscheinlich sehen, daß er von dem, worüber Krishnamurti spricht, nicht betroffen ist – er kann nicht sehen, was es unmittelbar mit seiner eigenen Erfahrung zu tun hat. Es ist wahr, daß Krishnamurti über solche Dinge wie Angst spricht, und das ist etwas, was jeden angeht, aber was er darüber sagt, liegt nicht im Erfahrungsbereich der meisten Menschen. Man kann äußerstenfalls sehen, daß, was Krishnamurti sagt, Sinn macht, daß seine Reden logisch sind, aber Geist und Herz funktionieren nicht logisch oder dem gesunden Menschenverstand gemäß. Mächtige Kräfte wirken in den Tiefen des Geistes, Kräfte, die zuerst verstanden werden müssen oder sie werden den Menschen immer daran hindern, die einfache Wahrheit in Krishnamurtis Lehre zu sehen.

Vielleicht schätzt man die einfache und elegante Wahrheit von Krishnamurtis Lehre, aber das Ego ist normalerweise nicht in der Lage, solche Einfachheit zu ertragen. Also glaubt man schließlich nur intellektuell an sie. Die Tiefen des Unbewußten werden nicht berührt. Im Grunde erfährt man Krishnamurtis Lehre als fremd für die eigenen Interessen. Das gilt für die meisten Menschen, wenn sie ehrlich mit sich selbst sind. Es gibt keinen Grund, warum ein Zuhörer glauben sollte, daß der Zustand, von dem Krishnamurti spricht, erstrebenswert ist oder daß er zu seiner Erlösung führen wird. Nach außen hin stimmt man Krishnamurti zu, daß Leere und ichlose Bewußtheit wunderbar sind, innerlich aber weiß man es nicht wirklich. Buddha sagte dasselbe über Leere und Bewußtheit – das unterstützt also Krishnamurtis Reden – aber es berührt nicht wirklich das Herz des Zuhörers. Es gibt nichts in der Erfahrung des Menschen, das ihn dazu bringen kann, Krishnamurti wirklich und wahrhaftig zu glauben. Leere und Bewußtheit – unabhängig davon wie viele erleuchtete Meister die Kraft und Freiheit dieses Zustandes bestätigt haben – sind für den Zuhörer nur Worte. Er kann mit ihnen höchstens leeren Raum assoziieren. Und warum sollte er dieses Gefühl von leerem Raum oder Nichts schätzen? Nichts aus der eigenen Erfahrung sagt ihm, daß er das sollte, deshalb lehnt er in seinem Unbewußten Leere ab, gleich wie sehr er bewußt an sie glauben mag. Krishnamurtis Lehre von der Notwendigkeit, die Suche zu verstehen, damit sie enden kann, ist zwingend und nützlich. Und doch: gleich wieviel Sinn es im Geist des Zuhörers macht, sein Herz wird sehr wahrscheinlich nicht auf eine solche Lehre antworten.

Weshalb folgen aber Menschen Krishnamurti über viele Jahre hinweg, suchen diesen Zustand, den er verkörpert und über den er spricht? Die Antwort könnte sein, daß es in den Schülern, die sich zu einem solchen Lehrer hingezogen fühlen, eine Ahnung des Zustandes von Klarheit und reiner Bewußtheit gibt. Krishnamurtis Vorträge bringen diese Klarheit stärker in die Präsenz seiner Zuhörer. Der Schüler sucht sozusagen seine eigene Klarheit, und da Krishnamurti Klarheit verkörpert, glaubt der Schüler, daß Krishnamurti ihm den Weg zu ihr zeigen kann. Aber wie wir gesehen haben, wird nichts für oder mit dem gewaltigen Gepäck an Gedanken, Emotionen, dem Selbstbild usw. getan, das der Schüler für seine Identität hält.

Außerdem geht es in Krishnamurtis Lehre nicht nur um Klarheit, die viele erstrebenswert finden. Ihm geht es um *selbstlose* oder Bewußtheit *ohne Mitte,* von der die meisten seiner Zuhörer im allgemeinen keine Vorstellung haben.

Ein Mensch muß zuerst viel über das Leben und über seinen eigenen Geist gelernt haben, bevor er sich einem Verstehen oder einer Wertschätzung der einfachen und schönen Lehren Krishnamurtis nähern kann. Krishnamurtis Lehren werden für denjenigen nützlich und angemessen sein, der sein Bewußtsein zu einem solchen Grad verfeinert hat, daß er beginnt, sein Ego oder sein Selbstgefühl als abträglich für seine wirklichen Interessen zu sehen. Dann, und nur dann, werden Krishnamurtis Einsichten unmittelbar transformieren können.

Krishnamurti spricht über sich selbst, seine Erfahrung und seinen Zustand und versucht wirklich, ihn anderen zu vermitteln. Obwohl seine Erfahrung die von Freiheit ist, kommt sie dem nicht nahe, wie sich die meisten Menschen selbst erfahren. Auch wenn sie die Worte, die sie hören, schätzen können, wird es für sie schwierig sein, eine Beziehung zur wirklichen Erfahrung selbst zu bekommen. Er berücksichtigt nicht die Situation seiner Hörer, ihre geistige Verfassung, die Stufe ihrer Entwicklung und ihren Bewußtseinszustand.

Krishnamurtis ständige persönliche Erfahrung ist Leere und ihre reine Bewußtheit, ihre Freiheit und ihre Wahrheit. Er hat sie während der meisten Zeit seines Lebens gekannt. Mittlerweile ist sie sein Geist. Sie ist er, er selbst, also ist sie auch, was er spricht. Die Lehre eines Meisters ist immer ein Ausdruck seiner selbst. Wenn er Freiheit verkörpert, dann spricht er von Freiheit. Es ist nicht so, daß Krishnamurti seinen Schülern nicht zuhört. Es ist nicht so, daß er sie nicht versteht. Aber man kann vielleicht sagen, daß er sie innerhalb des Rahmens seiner eigenen Erfahrung versteht, aus seiner eigenen Perspektive. Und diese seine Perspektive, eine Perspektive reiner Bewußtheit, von Leere, von Freiheit von Gedanken, ist eine Perspektive, zu der die meisten seiner Zuhörer keine Beziehung haben können.

Wie wir gesehen haben, reicht es für effektives Lehren nicht aus, wenn ein Meister zu einem Schüler aus seiner eigenen Perspektive spricht. Viel mehr ist nötig, viel mehr muß in Betracht gezogen werden. Manche Lehrer verstehen das und versuchen, auf die individuelle Situation des Schülers Rücksicht zu nehmen. Aber auch dann ist es schwer für einen Lehrer, sich von seinem eigenen Bewußtseinszustand zu lösen und seine Perspektive den Bedürfnissen seiner Schüler anzupassen.

Bhagwan Rajneesh bzw. Osho, wie er sich später nannte, zum Beispiel, scheint Krishnamurtis Problem zu verstehen und versucht die verschiedenen Ebenen des Bewußtseins zu berücksichtigen. Er kennt den Zustand, den Krishnamurti lehrt, aber er weiß, daß die meisten Menschen keine Beziehung zu ihm haben. Er lehrt also viele verschiedene Übungen und hält verschiedene Arten von Vorträgen, die sich an die verschiedenen Arten von Persönlichkeit und verschiedenen Bewußtseinszustände richten und so versucht er, eine Lösung für die Situation zu finden, die wir hier besprechen.

Und doch beobachten wir auch hier, daß es für ihn schwer ist, sich ganz von seinem eigenen Bewußtseinszustand zu lösen. Obwohl er über alle möglichen Themen spricht, liegt seine Betonung immer auf dem Verlust von Ich-Grenzen, der Abgegrenztheit des Ich, oder dem Verlust des Gefühls, ein Ich zu haben. Er verbindet alle Übungen und Lehren letztlich mit dem Zustand des Ich-Todes. Im Grunde hält er alle seine Vorträge aus der Perspektive eines bestimmten Bewußtseinszustandes, dem eines kosmischen oder göttlichen Bewußtseins. Auch sein Titel lautet »Bhagwan«, »der Göttliche«. Seine Lehre ist also eine Lehre des Zustandes ichlosen göttlichen Bewußtseins. Alle seine Vorträge sind von dieser Ebene von Verwirklichung durchdrungen. Dieser Aspekt gibt seinen Vorträgen ihre Schönheit und ihre Universalität.

Wie wir erwähnt haben, bietet Rajneesh verschiedene Übungen an, um seine Zuhörer zu erreichen. Aber wir haben auch bemerkt, daß sein eigener persönlicher Zustand dominiert, wenn er spricht und er diesen Zustand dann vermittelt. Er kann nicht reden, ohne daß es sein eigener Zustand ist, der vermittelt wird. Das ist eine Situation, mit der alle spirituellen Lehrer konfrontiert sind. Wir haben Rajneesh als ein Beispiel erwähnt, um diese Schwierigkeit zu betrachten. Die Tatsache, daß der Zustand des Lehrers vielleicht wunderbar ist und seine Lehren schön sind, garantiert nicht Effektivität und Erfolg. Der Schüler braucht vielleicht etwas anderes.

Letztlich ist es wahr, daß der Schüler diesen Zustand von ichlosem kosmischen Bewußtsein erreichen muß, denn dieser Zustand ist ein Stufe auf dem Weg zur Befreiung. Aber es kann sein, daß dieser Zustand zur Zeit irrelevant ist, unabhängig davon wie schön er an seinem Guru wirkt. Vielleicht muß der Schüler eher einen Zustand von festem Willen kennenlernen, weil er gerade die Themen und Lebenssituationen lösen muß, die um den Aspekt von Willen zentriert sind. Es stimmt, der einzelne Mensch muß lernen, die Grenzen seines Ich aufzulösen und das Gefühl einer Individualität loszulassen. Aber wie kann er dieses Gefühl von Individualität loslassen, wenn er noch gar nicht weiß, daß er diese Individualität besitzt? Zuerst wird er erkennen müssen, daß er sie besitzt. Er muß erst sehen und verstehen, was Individualität ist, bevor er sie loslassen kann. Er muß auch sehen, wie seine Vorstellungen von Individualität und sein Festhalten an ihnen zu Leiden führt. Er muß sehen, daß sein Gefühl von Individualität und sein Hängen an seinem Gefühl von Selbst nicht zu Erfüllung führen und nicht mit seiner inneren Harmonie oder seinem inneren Frieden synton sind.

Ein Mensch, der daran arbeitet, den Ich-Tod zu erreichen, wird an seinem Bestreben gehindert sein, wenn er nicht zuerst sehr klar und sehr bestimmt sieht, was das Ich ist. Ich-Grenzen werden erst ichfremd werden müssen. Die Tatsache, daß ein Schüler intellektuell glaubt, daß er sein Ich verlieren muß, bedeutet nicht, daß er es in den Tiefen seines Herzens glaubt. In den Tiefen seines Herzens versteht er nicht, warum er seine Ich-Grenzen loslassen soll. Das Thema scheint für seinen Geist, für sein Herz, für seine Lebenssituation nicht relevant zu sein. Ich-Tod ist wirklich völlig bedeutungslos, außer wenn ein sehr hohes und verfeinertes Niveau innerer Verwirklichung erreicht ist. Das Ich wird nicht als das Thema gesehen, bevor man dem Zustand kosmischen Bewußtseins nahe ist.

Rajneesh versteht das, wenn er sagt, daß man zunächst seine Individualität entwickeln muß, bevor man sie hingeben kann. In seiner Diskussion der Psychologie des Esoterischen spricht er von sieben Stufen von Bewußtsein, in dem, was er die sieben Körper nennt. In diesem System sieht er die fünfte Stufe als die Ebene kristallisierter Individualität. Dieser fünfte Körper, den er den spirituellen Körper nennt, muß zuerst entwickelt werden. Dann erst wird das Thema des Ich-Verlustes relevant. Er erwähnt auch, daß die am schwersten zu erreichende Stufe die des fünften Körpers sei – die der spirituellen Individualität – und wenn sie einmal erreicht sei, sei der Übergang zum kosmischen Bewußtsein nicht mehr schwierig.

Das bedeutet, daß die meisten Menschen zuerst die fünfte Stufe entwickeln müssen, bevor der Zustand, den Rajneesh vor allem darstellt, am wirksamsten sein kann. Also ist der Zustand, den der Schüler erkennen und lernen muß, der des fünften Körpers, und ein Lehrer, der diesen Bewußtseinszustand verkörpern und aus ihm handeln kann, wird am wirksamsten sein, denn dann wird den Schülern der Zustand vermittelt, den sie in diesem Moment benötigen. Nur er ermöglicht die Erfüllung ihres persönlichen Bedürfnisses zu diesem bestimmten Zeitpunkt in ihrer Entwicklung.

Wir gehen hier von der Annahme aus, daß die Entwicklung bestimmter Fähigkeiten und Qualitäten auf den materiellen, emotionalen, mentalen und essentiellen Ebenen für den Menschen, der den erleuchteten Zustand zu erlangen sucht, den die verschiedenen Lehren, die wir hier untersuchen, versprechen, erstrebenswert und vielleicht notwendig ist. Beispiele solcher Qualitäten, die wir in dieser Diskussion erwähnt haben, sind Selbstwertgefühl, Stärke und Willen.

Buddhistische, sufistische und christliche Lehren zählen oft diese Qualitäten auf, die als erstrebenswert gelten – zum Beispiel Liebe, Demut, Wahrhaftigkeit. Natürlich entsteht hier dasselbe Problem, das wir schon angesprochen haben – der Schüler kann sich nicht einfach dafür entscheiden, zu einem beliebigen Moment zum Beispiel Demut zu verkörpern, bevor es in seiner Entwicklung angemessen ist und Stolz als ichfremd erlebt wird.*

* Dieses Thema wird ausführlicher in Kapitel Drei diskutiert.

Umgekehrt ausgedrückt: Wenn solche Qualitäten, Fähigkeiten und Tugenden fehlen, dann stellt das eine Barriere zur Verwirklichung eines Menschen dar. Das ist so, weil ihre Präsenz in einem optimal entwickelten Menschen eigentlich normal ist und ihr Fehlen immer (oft unbewußt) als ein Mangel empfunden wird. In praktisch jedem Fall besteht dann ein beträchtlicher Teil der Motivation für spirituelle Suche darin, diese Stellen von Mangel zu füllen, die man spürt. Ein Lehrer, der in der Lage ist, einen Schüler dabei zu unterstützen, die Fähigkeiten zu entwikkeln, die er braucht, um sowohl gewöhnliche menschliche als auch spirituelle Herausforderungen auf dem Weg zu bestehen, wird effektiver sein, als einer, der nur von einer »sublimeren« Perspektive aus wahrnimmt und lehrt.

Dies führt uns zu einem wichtigen Prinzip: der effektive Lehrer wird sich nicht nur mit der persönlichen Situation des Schülers befassen, sondern optimalerweise auch in der Lage sein, genau das Bewußtsein zu verkörpern und zu manifestieren, das ein bestimmter Schüler zum gegebenen Zeitpunkt vor allem benötigt. Der Schüler braucht den Kontakt mit den Lehren des Bewußtseinszustandes, der die genaue Lösung für seine momentane Situation ist. Wenn der Schüler zur Zeit zum Beispiel mit Themen von Stärke und Schwäche zu tun hat, wird es nicht angebracht sein, zu versuchen, ihn Freiheit von Begehren oder ichlose Bewußtheit oder gar kosmisches Bewußtsein zu lehren. Die Lehre wird ihm und seinen Interessen fremd und deshalb ineffektiv sein. Er wird sie als fremd für sein Wohlbefinden sehen. Er wird sie nicht als etwas sehen, das ihn in einer Weise anspricht, die in seiner besonderen Situation relevant ist.

Manche Wege innerer Arbeit haben versucht, mit dieser Schwierigkeit umzugehen. In den vergangenen Jahrhunderten zum Beispiel unterhielt der Sufiorden der Naqshbandi im Mittleren Osten Verbindungen mit allen anderen Sufiorden. Sie schickten Schüler zu dem Orden oder dem Lehrer, der für die Entwicklungsstufe des bestimmten Schülers gerade angemessen war. Wenn er dann den entsprechenden Aspekt der Lehre aufgenommen hatte, wurde er woandershin geschickt, um andere Dinge zu lernen, die er für seine weitere Entwicklung und Befreiung benötigte. Ein anderer Weg, der eine ähnliche Methode benutzte, ist der des Vajrayana-Buddhismus in Tibet. In verschiedenen Disziplinen gab es immer einige Lehrer, die weit genug entwickelt waren, um jedes bestimmte Bewußtsein manifestieren zu können, das von ihren Schülern zu irgendeinem Zeitpunkt gebraucht wurde. Wir werden zu diesem Punkt im nächsten Kapitel zurückkehren.

Wir sehen hier, daß jede Lehre, die um eine besondere Methode oder auch einen besonderen Bewußtseinszustand gebaut ist, notwendigerweise begrenzt ist und nur für die Menschen wirkungsvoll sein kann, in deren Entwicklung dieser besondere Bewußtseinszustand zufällig gerade ansteht. Keine besondere Methode und kein besonderer

Bewußtseinszustand kann allgemein auf alle Menschen angewandt werden. Dieser Punkt wird von Schülern oder Lehrern selten beachtet, und Unkenntnis in dieser Hinsicht führt immer zu Frustration und Verschwendung von Energie.

Wir können zum Beispiel die Wege oder Lehren nehmen, die um Verehrung und Hingabe formuliert sind. Ein Schüler wird dazu aufgefordert, sich seinem Guru oder Gott hinzugeben. Manche Menschen haben an einem bestimmten Punkt ein Bedürfnis, Hingabe und Verehrung zu praktizieren und können dann von Wegen profitieren, die Hingabe betonen. Aber auch dann sind diese Lehren nicht wirklich wirksam. Das ist deshalb so, weil Hingabe ein Bewußtseinszustand ist, der viel Verständnis und viel Vorbereitung verlangt. Und nicht nur das, Hingabe kann nur zu einem bestimmten Zeitpunkt ichsynton werden und nicht zu einem anderen. Von einem Menschen, der erst lernt, sich selbst zu behaupten, weil er immer schwach und unterwürfig war, sollte man nicht erwarten, Hingabe als etwas zu sehen, was mit seinen eigentlichen Interessen synton ist. Sein Problem ist sogar eher, daß er sich zu leicht »aufgibt« – aus einem Mangel an Selbstgefühl heraus und auf eine oberflächliche Weise, die weder wahr noch wirklich ist. Wie Rajneesh sagte, muß ein Mensch zuerst ein Gefühl von einem Selbst haben, das kostbar ist und für das er lange und hart gearbeitet hat, bevor er es aufgeben kann – was kann er sonst hingeben? Wenn er kein Selbst hat, dann kann er nichts hingeben, weder einem Guru noch Gott. Und wenn er ein schwaches Selbstgefühl hat, dann ist seine Hingabe leer. Er gibt sich nicht wirklich hin. Ein schwaches Ich kann sich nicht hingeben, es kann sich nur aufgeben oder unterwerfen.

Auch wenn Hingabe als Hingabe an Erfahrung verstanden wird, ist es nicht realistisch, diese von einem Schüler zu verlangen, weil für die meisten Menschen Hingabe, die ja auch als Aufgabe von Abwehr empfunden wird, bedeutet, daß man verletzt wird. Als Kinder besaßen Menschen die Fähigkeit, sich ihrer Erfahrung hinzugeben. Ihr Herz war offen. Aber diese Offenheit brachte nicht Fülle und Freude. Das Kind, ohne Abwehrmechanismen, wurde immer wieder in dieser Offenheit verletzt. Deshalb werden Offenheit des Herzens und Hingabe der Schutz- und Abwehrmechanismen im Unbewußten gewöhnlich mit Verletzlichkeit gleichgesetzt, und das löst Erinnerungen und Ängste vor tiefer Verletzung aus. Diese Ängste, diese Assoziationen mit Hingabe, müssen erst verstanden und aufgelöst werden, bevor ein Mensch Hingabe als synton erfahren kann – sonst sieht man Hingabe als Bedrohung und als das Gegenteil von dem, was für einen am besten ist.

Es ist keine geschickte Taktik, wenn ein Lehrer darauf besteht, daß ein Schüler sich hingibt. Der Schüler versucht es dann vielleicht – aber er unterwirft sich einfach einer Forderung des Überich. Eine nützlicherer Ansatz und einer mit mehr Mitgefühl besteht darin, dem Schüler zu helfen, seine Angst vor Hingabe und seinen Widerstand gegen sie zu verstehen.

Ferner, wenn man von einem Schüler erwartet, sich Gott oder der Wirklichkeit hinzugeben, kommt die Frage auf, warum er das tun sollte. Er weiß nicht, was Gott oder Realität ist. Er hört, daß es gut und wunderbar ist. Sein Lehrer sagt ihm, daß Hingabe zur Erfahrung von reiner Liebe und Mitgefühl führt, aber er besitzt kein persönliches Wissen davon. Was er aus persönlicher Erfahrung weiß, ist, daß Hingabe Schmerz bedeutet.

Er muß zuerst eine gewisse Erfahrung von Hingabe und einen gewissen Kontakt mit sublimer Realität haben, bevor er Vertrauen genug besitzt, um loszulassen, was ihn in Wirklichkeit von dieser Realität fernhält. Wenn er einen gewissen Vorgeschmack und eine gewisse Erfahrung dieser Realität hat, dann wird Hingabe synton mit seinen eigenen Bestrebungen werden. Wenn er die Liebe, die Schönheit und die Größe von Realität sieht und schmeckt, dann kann er nicht anders, als sich hinzugeben. Schließlich wird er sich danach sehnen, sich hinzugeben.

Ein Lehrer, der von seinen Schülern erwartet, sich ohne Rücksicht auf ihre persönliche Situation hinzugeben, und ohne ihnen zu helfen, mit ihren Konflikten um Hingabe umzugehen, ist wie ein Priester, der seiner Gemeinde über selbstlose brüderliche Liebe predigt und dann erwartet, daß seine Zuhörer sich entsprechend verhalten und enttäuscht ist, wenn sie das nicht tun. Ein Christ glaubt vielleicht bewußt an den Wert von Christus-Liebe, aber in Wirklichkeit hat er keine Erfahrung, nicht einmal die entfernteste Vorstellung davon, was das bedeutet. Er kann sich nicht ihr entsprechend verhalten, weil er nicht weiß, was sie ist.

Die meisten Christen haben keine Erfahrungsgrundlage für den Glauben an selbstlose Liebe. Warum sollten sie selbstlos sein? Sie wissen und verstehen nicht, warum das eine gute Sache sein soll. Geist und Herz eines solchen Christen verstehen weder, was selbstlose Liebe ist, noch glauben sie daran. Er glaubt nicht, weil er keine persönliche Erfahrung hat, daß sie erstrebenswert ist. Er kann nicht sehen, daß Selbstlosigkeit zu Freiheit führt. Stattdessen sieht er Selbstlosigkeit als Verlust, als Verlust dessen, was er schätzt und begehrt.

Es wird viel von selbstloser Liebe, selbstlosem Geben, selbstloser Existenz und so weiter gesprochen. Aber die Mehrheit der Menschen weiß nicht, was »selbstlos« bedeutet, ganz zu schweigen davon, daß es ein Zustand sein könnte, der eine gute Wirkung hat.

Da die meisten Menschen nicht einmal wissen, was es bedeutet, ein Selbst zu haben – wie können sie wissen, was es bedeutet, selbstlos zu sein? Wenn wir also selbstlose Liebe predigen, teilen wir den meisten Menschen damit nichts mit. Wir berücksichtigen nicht, wie sie denken und leben. Das ist unüberlegt, denn ihnen sind selbstlose Liebe und selbstlose Existenz ziemlich fremd, sowohl in ihrem Geist als auch in ihrer Erfahrung.

Die Entwicklung und Verwirklichung selbstloser Liebe, von Christus-Bewußtsein, wird den Menschen befreien, wird Erfüllung bringen. Christi Verständnis des menschlichen Leidens ist sehr tief und wahr – seine Lösung ist universell. Aber es ist nicht leicht zu verstehen, zu lernen oder zu verkörpern. Vieles muß in der Seele entwickelt werden, bevor es möglich ist, Christus-Bewußtsein zu erkennen. Und dann ist noch mehr innere Arbeit und Verfeinerung nötig, bevor selbstlose Liebe entstehen kann.

Das Thema von Selbst oder Nicht-Selbst wird für den Schüler kein persönliches Thema, bevor er nicht dem Ende seiner inneren Entwicklung und seines spirituellen Wachstums nahe ist. Vor diesem Punkt wird die Frage von Selbst oder Nicht-Selbst als irrelevant erfahren.

Buddha sah, daß viele Menschen um ihn herum spirituell sehr bewußt und hoch entwickelt waren, aber immer noch litten – ihre Verwirklichung hatte sie nicht vollständig befreit. Er sah das auch bei sich selbst. Und erst an diesem Punkt wurde das Thema Selbst oder Nicht-Selbst für ihn wichtig. Die Lösung dieses Themas war seine höchste Leistung, der Gipfel seiner Verwirklichung und sein wichtigster Beitrag zur Menschheitsentwicklung.

Dieses Beispiel zeigt, daß es lächerlich und bestenfalls ineffektiv ist, wenn eine Lehre von einem Schüler am Beginn oder auch in der Mitte seines Weges Selbstlosigkeit verlangt.

Wir gelangen also zu unserem abschließenden Verstehen, daß einige wichtige Faktoren, die beim Problem effektiver spiritueller Lehre eine Rolle spielen, Kommunikation, Angemessenheit und, als Wichtigstes, das Zusammenpassen von Lehre und Schüler sind. Im allgemeinen sehen wir, daß weder der Durchschnittsmensch in der Welt noch der Schüler auf einem bestimmten gewählten Weg von spirituellen Lehren generell auf eine Weise angesprochen werden, die Sinn für sie macht. Ihr Geist, ihre Situation und ihre Bewußtseinszustände werden fast nie berücksichtigt. Ihnen werden Lehren vorgesetzt, die sie nur als fremd für ihre Erfahrung und als ihrem Wohlergehen entgegengesetzt sehen können. Also nicht einmal der Schüler, der auf der Suche ist, kann die Lehren wirklich zu seinem persönlichen Anliegen machen, weil er nicht sieht, wie sie zu ihm oder seinem Leben eine Beziehung haben. Und der Durchschnittsmensch kann keinen Grund dafür sehen, tiefer in die Lehren zu schauen.

Wenn wir uns eine Lehre nicht zu eigen machen und in unserem Leben anwenden können, dann kann sie für uns auch keine Wirkung haben, unabhängig davon, wie tief oder sublim sie ist.

Kapitel Drei

Die Lösung

Es wäre schwer für uns, für unser Problem eine befriedigende Lösung zu finden, wenn wir uns auf die allgemein akzeptierten Bereiche von Erfahrung – den Bereich des Denkens und der Emotionen – beschränkten. Wir müssen unsere Wahrnehmung auf die feineren und tieferen Fähigkeiten ausdehnen, die im Menschsein eingeschlossen sind. Wir müssen tiefer gehen, zum Bereich des Seins, zu unserer wahren essentiellen Natur mit ihren feinen, aber unerwarteten Fähigkeiten für Wahrnehmung und Handeln.

Unserer bisherigen Analyse können wir entnehmen, was nötig ist, damit die Lehre auf eine Weise präsentiert wird, die zu jedem einzelnen Menschen paßt. Die Lehre muß dem Schüler so vermittelt werden, daß sie von ihm als mit seiner Erfahrung synton erfahren werden kann. Sie wird ihm auf eine Weise vorgestellt, die ihm eine Beziehung zu ihr ermöglicht und Gültigkeit für ihn besitzt. Die Lehre wird zu ihm und zu seiner Erfahrung sprechen. Sie wird mit seinem Leben zu tun haben, so wie er es lebt. Sie wird ihm dabei helfen, mit seinen eigenen Konflikten und Themen umzugehen, nicht mit denen Buddhas oder Krishnamurtis.

Die Lehre wird auf eine Weise formuliert werden, die sein Geist verstehen und sein Herz annehmen kann. Sie wird auf eine Weise dargestellt, die es ihm erlaubt, sie zu seinem eigenen Anliegen zu machen. Sie wird zu ihm aus der Perspektive sprechen, die er im Moment des Kontaktes benötigt. Dann berührt sie ihn. Dann kann er sie ganz annehmen. Dann kann er sie nutzen. Dann kann sie ihn transformieren.

Oft sagt ein Lehrer zu seinem Schüler: „Du mußt in den Abgrund springen. Du mußt vertrauen und springen." Aber für den Schüler hat das, was der Lehrer sagt, keine Bedeutung. Wenn der Schüler aufrichtig sein darf, wird er sehr wahrscheinlich antworten: „Was meinst du mit »Spring in den Abgrund!«? Was für einen Abgrund? Wo ist der Abgrund, in den ich springen soll?" Und auch: „wer oder was soll springen?" Für den Schüler ist das ein wirkliches Problem, und es geht nicht nur um Vertrauen.

Tatsache ist, daß es einen Abgrund gibt. Man kann ihn sehen und fühlen. Und es gibt einen Menschen, der springen kann. Dieser Mensch kann auf eine ganz bestimmte Weise identifiziert werden. Der Lehrer wird also zunächst mit seinem Schüler an Themen um Identität arbeiten müssen. Dann sollte der Lehrer den Schüler zu dem inneren Ort führen, an dem er den Abgrund wirklich in sich sehen oder fühlen kann. Und nur an diesem Punkt wird es eine Wirkung haben, wenn der Lehrer sagt: „Hab Vertrauen und spring in den Abgrund." Nur dann ist es eine Frage und ein Thema von Vertrauen. Vorher kann der Schüler nur ausweichen oder die Aussagen seines Lehrers als eine Art geheimnisvoller, mystischer Anspielung betrachten, der er folgen soll.

Es gibt hier keinen Platz für Geheimnis und geheimnisvolles Andeuten. Geheimnisvolles Andeuten ist gewöhnlich ein Zeichen von Mangel an wirklichem Wissen und Verstehen.

Ein Lehrer, der zu einem Schüler in einer angemessenen, taktvollen Weise sprechen kann, ist in der Lage, die Person des Schülers, seinen Geist, seinen Bewußtseinszustand und seine gegenwärtige Situation zu berücksichtigen und ihm so das jeweils Richtige zur richtigen Zeit zu vermitteln. Die universelle und zeitlose Lehre wird auf eine persönliche Ebene an einem bestimmten Punkt in Raum und Zeit fokussiert und zugeschnitten sein. Andernfalls ist sie zu abstrakt und ihr fehlt die persönliche Bedeutsamkeit für den Schüler.

Dieses persönliche Fokussieren der universellen und zeitlosen Lehre beginnt mit der Anerkennung des Schülers als ein einmaliges Individuum mit seinen eigenen

Erfahrungen, seiner eigenen Geschichte, seinen eigenen Themen und seinem eigenen Willen. Er ist dann nicht einfach ein Objekt, auf das eine Lehre angewendet werden kann.

Von den meisten spirituellen Lehren wird die Persönlichkeit als eine Barriere gesehen, als das eigentliche Problem, als der Teufel, der getötet werden muß. Nur dann, glaubt man, kann es zur Verwirklichung kommen.

Es ist wahr, daß die Persönlichkeit oder die Geschichte eines Suchenden ein großer Teil seines Problems sind, aber dies gilt nur aus der Perspektive eines Bewußtseins, zu dem er bisher noch keine Beziehung hat. Nach seiner eigenen Wahrnehmung sind die Erfahrungen der Persönlichkeit wirklich, solide und von großer Wichtigkeit. Ablehnung oder Ignorieren der Persönlichkeit wird den Knoten, der den Schüler fesselt, nur noch fester ziehen.

Auch sind die Themen und die Konflikte der Persönlichkeit nicht zufällig und an sich ohne Bedeutung – sie sind nicht einfach nur Barrieren zur Verwirklichung und Befreiung. Sie stehen in besonderer Weise zu den Zuständen von Verwirklichung selbst und zu den Zuständen von wahrem Sein in Beziehung.

Um ein genaueres Verstehen der Situation zu gewinnen und um die Lehre persönlich zu machen, müssen wir zunächst die Persönlichkeit verstehen. Und wir müssen verstehen, in welcher Beziehung sie zu der freien Realität, dem Sein – zu dem, was wir Essenz nennen, steht. Unsere wahre Natur, unsere Essenz, das, was im Menschen wirklich und unkonditioniert ist, existiert nicht in irgendeiner geheimnisvollen Sphäre und wartet nur darauf, daß wir das feindliche Ich angreifen und töten, damit sie dann strahlend erscheinen kann. Unser Wesen, unsere Essenz, das Göttliche in uns, ist mit unserer Persönlichkeit auf eine sehr komplexe und intime Weise verbunden.

Bevor wir aber diese Verbindung diskutieren, müssen wir sehen, daß Essenz in verschiedenen und vielfältigen Aspekten, in reinen und realen Formen, existiert. Jeder Aspekt ist deutlich von allen anderen Aspekten unterschieden, ist aber immer Essenz, ist immer dieselbe Natur. Zum Beispiel kann sich Essenz als Liebe manifestieren, aber auch als Mitgefühl und als Wille, Frieden, Stärke, Bewußtsein, Wahrheit, Zufriedenheit, Wissen oder Freude. Die Aspekte von Essenz sind differenziert und genau voneinander zu unterscheiden. Jeder Aspekt ist eine reine Form seiner selbst. Der Aspekt von Wahrheit ist vollkommen Wahrheit – er enthält nichts, was nicht wahr ist. Jeder Aspekt ist Vollkommenheit selbst.

Die Verwirklichung dieser »qualifizierten« Aspekte von Essenz ist beim Fortschreiten zum Bereich des nichtqualifizierten, undifferenzierten Seins, des Höchsten Aspekts oder der Höchsten Form, von großem Nutzen. Diese Aspekte von Wirklichkeit liegen aber nicht innerhalb des Bereiches des Intellekts oder der Emotionen, und das ist der Grund, weshalb wir, wie oben erwähnt, tiefer gehen müssen, um eine Lösung für unser Dilemma zu finden. Wir werden sehen, daß die Lösung viel zugänglicher und schöner ist, als wir erwartet haben.

Es ist wahr, daß die Persönlichkeit als ganze als Barriere gegen Essenz als ganze wirkt. Aber dies ist nur das allgemeine Bild. Obwohl die meisten Lehren dieses Bild für gültig halten, finden wir, wenn wir näher hinsehen, daß es ein unscharfes Bild von einer komplexeren Realität ist.

Wir finden, daß sich jeder essentielle Aspekt – wie Wille, Liebe, Wahrheit oder Mitgefühl – auf einen bestimmten Teil der Persönlichkeit bezieht. Wir werden auch sehen, daß jeder Aspekt von Essenz sich nicht nur auf einen bestimmten Teil der Persönlichkeit bezieht, sondern auch, daß dieser Teil als eine besondere Barriere gegen einen besonderen Aspekt von Essenz fungiert. Ein bestimmter Teil der Persönlichkeit also, der aus bestimmten Überzeugungen, Gewohnheiten und Konflikten besteht, wird zum Beispiel als eine Barriere gegen Leere wirken. Ein anderer Teil wirkt als Barriere gegen kosmisches Bewußtsein und so weiter.

Jeder Teil der Persönlichkeit manifestiert sich in bestimmten Konflikten, Themen, Schwierigkeiten, Vorurteilen, Charakterzügen, Vorlieben und so weiter. Diese spiegeln sich in der persönlichen Erfahrung eines Menschen, der inneren wie auch der äußeren Erfahrung. Er bestimmt unter anderem auch die Gedanken, Gefühle, Handlungen, Beziehungen und den Lebensstil.

Diese Perspektive für die Realität, dieser Blick auf die Essenz wie auf die Persönlichkeit, nennen wir die »Diamantene Perspektive«. Wir nennen sie so, weil sie genau, präzise und bestimmt ist und die vielen Facetten und Details von Essenz und der Persönlichkeit berücksichtigt. Die Eleganz und Schönheit ihres Wirkens wird deutlich werden, wenn wir in unserer Diskussion weiter fortschreiten.

Wir kehren jetzt zu unserem menschlichen Dilemma zurück und schauen, wie wir diese Diamantene Perspektive nutzen können, um eine wirkliche Lösung zu finden.

Jeder Mensch hat zu jeder Zeit seines Lebens eine bestimmte Anzahl persönlicher Themen und Sorgen, die Manifestationen bestimmter Teile seiner Persönlichkeit sind. Diese sind nicht zufällig. Er ist mit bestimmten Themen, Konflikten und Lebenssituationen beschäftigt, und diese können von denen anderer Menschen in seiner Umgebung ziemlich verschieden sein. Ein Teil der Persönlichkeit kann das Leben eines Menschen für lange Zeit bestimmen, wenn er bei der Lösung der Themen und Konflikte, die zu diesem Teil gehören, keinen Erfolg hat. Dann kann es für andere oder für ihn selbst so aussehen, daß er in Wirklichkeit nur dieser Teil ist, diese Person, deren Handeln um diese bestimmte Anzahl von Themen kreist, und daß es keine anderen Teile von ihm gibt. Der durchschnittliche Mensch bewegt sich zwischen einigen wenigen Teilen seiner Persönlichkeit, während die anderen Teile tief in seinem Unbewußten verborgen sind.

Aus der Sicht der Diamantenen Perspektive steht der Teil der Persönlichkeit, der zu einem bestimmten Zeitpunkt dominiert, in Beziehung zu einem bestimmten und besonderen Aspekt von Essenz. Mehr noch, eine Lösung der Konflikte und Themen in solchen Teilen bewirkt, daß sich der entsprechende Aspekt von Essenz manifestiert. Die Anwendung der Diamantenen Perspektive, die ausführlicher in *Essenz** dargestellt ist, hat gezeigt, daß die Lösung eines jeden besonderen Themas oder Konflikts der Persönlichkeit tatsächlich in der Realisierung des entsprechenden essentiellen Aspektes liegt.

Betrachten wir zum Beispiel den Teil der Persönlichkeit, der in Beziehung zu dem Aspekt des Willens steht, also einen Menschen, der Konflikte um das Thema von Kastration, Impotenz, Selbstvertrauen, Unabhängigkeit, Bedürfnis nach Unterstützung und ähnlichem hat. Solche Konflikte und psychologische Themen beherrschen seine Beziehungen zu anderen, seine Handlungen in seinem Leben und seine Gefühle sich selbst gegenüber.

Wenn es ihm gelingt, diese persönlichen Konflikte zu lösen, wird er in Kontakt mit seinem wahren und essentiellen Willen kommen. Dann wird die Manifestation dieses Aspektes von Willen in ihm spontan diese Konflikte beseitigen. Er wird ein Gefühl wahrer Entschlossenheit erfahren; er wird Vertrauen in sich selbst empfinden – er wird sich

*A.H.Almaas, Essenz. Der Diamantene Weg

unabhängig, potent, stark und fähig fühlen, sich selbst so zu unterstützen, wie er es braucht. Er wird, und das ist das Wichtigste, seine Essenz unmittelbar im Aspekt des Willens erfahren. Er wird nicht fühlen, daß er Willen besitzt, er wird fühlen, daß er Willen *ist* – er *ist* die Unterstützung.

Nehmen wir jetzt einmal an, daß dieser Mensch Schüler einer Lehre ist, die Hingabe betont, und daß er sich impotent und abhängig fühlt. Er hat Probleme mit dem Teil seiner Persönlichkeit, der dem Aspekt des Willens entspricht – ihm fehlt Willen. Er geht zu seinem Lehrer oder Guru und bittet ihn um Hilfe. Der Lehrer rät dem Schüler, getreu seiner Lehre, was ihm fehle, sei, sich Gottes Willen hinzugeben. Er müsse seine weltlichen Sorgen, seine Persönlichkeit loslassen. Der Lehrer sagt dem Schüler, er brauche Kontakt zu dem Aspekt seiner Essenz, der mit Hingabe zu tun hat – dem Teil seines Wesens, in dem sein Herz schmilzt.

Was macht jetzt der Schüler? Er braucht nicht den Aspekt von Hingabe. Was ihm in diesem Moment fehlt, ist der Willensaspekt. Sein Leben, seine Situation, sein Geist, sein Herz: alles schreit nach Selbstvertrauen und Entschlossenheit. Aber sein Lehrer sagt ihm, er brauche Hingabe. Er liebt seinen Lehrer. Er vertraut ihm. Er glaubt ihm. Aber was kann er tun?

Hier sehen wir das Dilemma auf den Punkt gebracht. Es ist also kein Wunder, daß in einer solchen Situation nichts wesentliches geschieht. Der Schüler kehrt zu seinem Singen, seinen Gebeten oder seinen Bittgebeten zurück. Aber das führt offensichtlich zu nichts, außer zu Frustration und mehr Leiden. Der Lehrer sieht seinen Schüler an, sieht ihn seine Gebete verrichten, aber kann auch unter der Oberfläche sehen, daß er kämpft und versucht, seinen Willen zu behaupten. Der Lehrer sagt seinem Schüler, daß er nur so tue, daß er sich nicht wirklich hingebe, nicht vertraue.

Es ist wahr, daß der Schüler nur so tut als ob. Aber er steckt in einer Klemme. Seine Essenz nähert sich seinem Bewußtsein mit dem Aspekt des Willens. Doch sein Lehrer oder Guru – der Repräsentant der Essenz sein sollte – hält ihn zur Hingabe an. Der Lehrer hat sein Herz offen, fühlt sich Gott hingegeben und glaubt wirklich, sein Schüler brauche dasselbe, brauche die Hingabe seines Willens.

Es ist wahr, daß der Schüler seinen Willen hingeben muß, oder genauer, ihn mit der Realität abstimmen. Aber zunächst muß er Willen *haben.* Erst muß er seine Persönlichkeitsthemen lösen, die mit dem Gefühl zu tun haben, unfähig und schwach zu sein. Erst dann kann er seinen Willen aufgeben. Also sucht er unbewußt nach seinem Willen und wird ihn zu diesem Zeitpunkt sicherlich nicht aufgeben – und sein Lehrer ist sich dessen bewußt. Obwohl sein Lehrer also im Grunde mit seiner Einschätzung Recht hat, hat er nicht darin Recht, wie er seinen Schüler behandelt. Er stellt unangemessene Forderungen und ist demgegenüber blind, was der Schüler in diesem Augenblick am meisten benötigt – er ist nicht effektiv.

Manche wenden vielleicht ein, der Schüler sollte sich Gottes Willen hingeben. Gottes Wille ist Willen und da er Willen braucht, sollte die Hingabe an Gottes Willen seine Konflikte lösen.

Aber echter Wille und das Göttliche sind zu Anfang zwei verschiedene Aspekte von Essenz. Zuerst muß man seinen Willen verwirklichen, der ein reiner Aspekt von Essenz ist. Erst dann kann man diesen Willen an den göttlichen Willen hingeben oder ihm unterordnen.

Wenn nun der Lehrer zufällig auf den Willen hin orientiert ist, wie zum Beispiel Gurdjieff, dann ist der Schüler in guten Händen. Gurdjieff wird genau wissen, was der Schüler braucht. Gurdjieff besitzt Willen, verkörpert Willen, *ist* Willen. Also findet er nicht nur die richtigen Worte für den Schüler, sondern der Schüler kann wirklich sehen und fühlen, was Wille ist, denn er sieht ihn in der Person seines Lehrers. Diese Situation ist genau auf seine persönlichen Bedürfnisse zugeschnitten. Der Lehrer diagnostiziert das Problem des Schülers und vermittelt ihm die richtige Lehre und die passenden Übungen, um seine Situation bewältigen zu können.

Der Schüler hat zur Lehre eine Beziehung. Sein Herz ist berührt. Die Lehre ist passend. Sie spricht ihn wirklich an. Der Lehrer erkennt seine persönlichen Sorgen und was ihn alltäglich beschäftigt. Seine Lehre richtet sich an die persönlichen und alltäglichen Leiden.

Mehr noch, sein Lehrer gibt ihm die Lösung für seine Situation. Die Lösung zeigt sich ihm in der Person des Lehrers selbst: was er sagt, wie er es sagt, wie er sich bewegt, seine Stimme, seine Körperhaltung – all das strahlt und drückt Willen aus – genau das, was er braucht.

Die mächtige Präsenz des Willensaspektes im Lehrer entzündet, unterstützt und fördert den sich entfaltenden Willen des Schülers und holt ihn mehr ins Bewußtsein. Es kommt zu einer Begegnung zwischen dem Bewußtsein des Schülers und dem des Lehrers. Es entsteht ein implizites Verstehen, ein Verschmelzen, eine Vereinigung, die den Schüler transformiert. Jetzt besitzt er Willen. Jetzt kennt er Willen. Er fühlt sich stabil und unerschütterlich. Er spürt, daß er festen Boden unter seinen Füßen hat, der ihn trägt. Er ist diese Festigkeit. Nicht nur das, er kennt seine Essenz – denn Wille ist ein Aspekt seiner Essenz, seiner wahren Natur. Dies wird eine enorme Hilfe bei der Verwirklichung der anderen Aspekte seiner Essenz in ihrer ganzen unermeßlichen Größe sein.

Nehmen wir jetzt einmal an, daß der Schüler nicht an Themen, die mit Willen zu tun haben, arbeitet, sondern daß sein Leben vor allem um das Thema Hingabe kreist. Er fühlt sich stark, willensstark und auch starr. Sein Herz ist hart. Er achtet immer auf seine Unabhängigkeit und Autonomie. Er kann seinen Gefühlen von Verletzlichkeit nicht nachgeben. Er kann nicht lieben. In sexuellen Beziehungen kann er nicht die Offenheit echter Intimität riskieren – er kann sich nicht das Gefühl erlauben, mit seinem Partner zu verschmelzen. Er spürt den Mangel an Weichheit oder an Hingabe. Er ist es leid, der Starke sein zu müssen, der nie eine Schwäche zeigt. Er möchte sich hingeben, aber er kann nicht – er hat Angst davor, seine Stärke, seinen Willen, seine Unabhängigkeit, seine Individualität zu verlieren.

In diesem Beispiel wäre Gurdjieff keine Hilfe. Gurdjieff und sein System sind willensorientiert. Gurdjieffs Lehren wären nicht passend. Das Vollbringen von Superleistungen würde seine Rigidität und seinen Mangel an Weichheit nur verstärken.

Aber ein Lehrer, der den Aspekt von Hingabe verkörpert, würde diesen Schüler weiterbringen. Jemand wie Ramakrishna, wie Rumi oder ein Chassid wären genau richtig. Dann bekommt er nicht nur die für ihn richtige Lehre, sondern er ist auch in direktem Kontakt mit der Qualität von Hingabe. Ihm wird genau das angeboten, was er braucht. Er wird dann in der Lage sein, seine Themen zu verstehen und seine Konflikte zu lösen, und sein Herz wird in der goldenen Essenz von Liebe und Hingabe schmelzen.

Der Aspekt von Hingabe kann auch dazu dienen, sich anderen Aspekten von Essenz hinzugeben. Dies wird wieder vom Lehrer und von dem System der Lehre abhängen, denn wenn das System nicht die Existenz anderer Aspekte annimmt, dann wird das System selbst zum Hindernis gegen diese Aspekte.

Also stellt sich die Frage: Wenn ein Schüler in der Lage ist, einen essentiellen Aspekt zu verkörpern, wie zum Beispiel Hingabe, was geschieht dann mit den anderen Aspekten von Essenz? Was geschieht mit den anderen Teilen der Persönlichkeit?

Das wird vom Schüler wie auch vom Lehrer abhängen. Nachdem ein Thema durchgearbeitet ist, wird normalerweise ein anderer Aspekt der Persönlichkeit aktiviert und beginnt dann, im Leben dieses Menschen zu dominieren. Die Reihenfolge, in der diese Teile ins Bewußtsein dringen, ist nicht vorhersagbar. Welcher Teil auftaucht, hängt von der Persönlichkeit des Einzelnen und seinen gegenwärtigen Lebensumständen ab.

Jemand, der gerade seine Themen um Verschmelzen und Hingabe gelöst und seine Essenz in diesem Aspekt verwirklicht hat, fängt vielleicht an, sich schwach zu fühlen. Themen, die in Beziehung zum Aspekt der Stärke stehen, tauchen auf – er erlebt jetzt emotionale Konflikte um das Thema Schwäche und das Bedürfnis nach Stärke. Er beginnt zu zweifeln, ob er stark genug ist, sich von seiner Vergangenheit, seiner Abhängigkeit von seiner Mutter oder von seiner Persönlichkeit zu trennen. Er fühlt, daß er nicht genug Energie hat, um irgendetwas zu tun. Sein Becken ist angespannt. Ihm fehlt sexuelle Energie. Er kann mit seinem Liebespartner verschmelzen, hat aber vielleicht Schwierigkeiten damit, den sexuellen Akt zu vollziehen. Er braucht Stärke, Feuer, Energie, Ausdehnung. Aber immer wenn er sich stark fühlt, fühlt er auch Wut – er kann nicht zwischen Stärke auf der einen Seite und Wut und Feindseligkeit auf der anderen differenzieren.

In diesem Fall nähert sich Stärke – sie ist als der Feueraspekt von Essenz bekannt – und drängt die Themen an die Oberfläche, die sie verdeckt gehalten haben.

Wieder hängt die Situation vom Lehrer ab. Wenn der Lehrer, der den goldenen Aspekt von Hingabe verkörpert und manifestiert, auch in der Lage ist, den Aspekt von Stärke zu verkörpern, dann ist der Schüler wieder in guten Händen. Der Lehrer wird die neue Situation des Schülers sehen und verstehen können. Er wird mit ihm jetzt aus der Perspektive von Stärke und nicht aus der Perspektive von Hingabe sprechen. Er wird spontan seine Manifestation zu der der Stärke hin verlagern können. Er wird seinem Schüler die Lehre aus der Perspektive von Stärke, Energie und Ausdehnung vermitteln. Er wird in der Lage sein, zu ihm auf eine persönliche Weise über seine intimsten Gefühle und Konflikte zu sprechen. Er wird dem Schüler Übungen an die Hand geben, die sich auf seine besondere Situation beziehen und sein Feuer und seine Stärke entzünden.

Der Lehrer wird seinen eigenen Bewußtseinszustand verlagern – seine Präsenz ist jetzt Stärke. Er verkörpert Stärke. Seine Worte, seine Gesten, seine Geschichten, seine Körperhaltung, seine Handlungen – alle strahlen Stärke, Energie, Vitalität aus. Seine Präsenz ist expansiv. Seine Vorstellungen sind mitreißend und mutig. Er ist lebendig und voller Vitalität und Kraft. Seine feurige Qualität regt die Stärke des Schülers an, entzündet sie und bringt sie in den Vordergrund. Er setzt die Präsenz seines Schülers mit seiner eigenen strahlenden Ausdehnung in Flammen. Feuer vereint sich mit Feuer. Es kommt zu einer Vereinigung, die die Konflikte des Schülers um Stärke herum aufzehrt, während der essentielle Aspekt von Stärke ihn befreit. Sie entzündet seine Leidenschaft. Sein Geist steht jetzt leidenschaftlich im Dienst von Essenz.

Wenn aber dem Lehrer die Notwendigkeit, diesen Aspekt von Stärke zu vermitteln, nicht bewußt ist, dann wird er ihn nicht verkörpern. Wenn der Schüler weiter auf Hingabe hin orientiert ist, werden sogar seine Themen um Stärke aus der Perspektive von Hingabe gesehen. Entweder werden die Anstrengungen des Schülers durchkreuzt und er bleibt mit Frustration und Leiden allein, oder seine Persönlichkeit wird anfangen, sich um den Aspekt von Essenz zu stabilisieren, der schon realisiert ist – den verschmelzenden Aspekt von Hingabe. Dieses letztere Phänomen ist zwar selten, aber es kommt vor. Das hängt unter anderem vom Schüler und seiner Persönlichkeitsstruktur ab. Die Praxis des Weges, der auf Hingabe beruht, ist gewöhnlich so angelegt, daß der Aspekt der verschmelzenden goldenen Essenz gefördert und entwickelt wird. In seltenen Fällen können die Praxis und die entsprechenden Übungen dazu führen, daß sich das Bewußtsein des Schülers um diesen Aspekt kristallisiert.

Aber die beste Richtung, die der Schüler einschlagen kann, besteht darin, sich mit seinen Konflikten um Stärke auseinanderzusetzen, um diesen Aspekt von Essenz zu realisieren. Er kann natürlich zu einem anderen Lehrer gehen, wie zum Beispiel Sai Baba, der eindrücklich den Aspekt von Stärke verkörpert. Aber es ist wichtig zu verstehen, daß der Schüler selbst sich selten seiner genauen Bedürfnisse bewußt ist. Er ist sich nicht einmal bewußt, daß es so eine Realität wie den Aspekt von Stärke überhaupt gibt. Deshalb ist es so entscheidend, daß der Lehrer wach und in der Lage ist, die Aspekte von Essenz zu verkörpern, die der Schüler für die Lösung seiner Themen besonders benötigt, in welcher Reihenfolge sie auch auftreten.

Wie wir weiter oben beschrieben haben, schicken einige Schulen, wie die Sufiorden der Naqshbandi, den Schüler zu einem Lehrer eines bestimmten Sufiordens, dann zu einem anderen und dann wieder zu einem anderen. Dadurch daß der Schüler mit Lehrern arbeitet, die besondere Aspekte von Essenz verkörpern, kann er verschiedene Bereiche seiner Persönlichkeit durcharbeiten und die entsprechenden Aspekte von Essenz in sich aktualisieren. Dieser Prozeß kann so weitergehen, bis die Persönlichkeit geklärt ist und der Schüler seine Identifikation mit dem Ego loslassen kann, um dann den kosmischen Aspekt, den Freiheitsaspekt von Essenz und die verschiedenen anderen Aspekte ohne die Zentrierung im Ego zu erfahren.

In dieser Diskussion wird deutlich, daß die ideale Situation für den Sucher darin besteht, mit der richtigen Lehre zum richtigen Zeitpunkt in Kontakt zu sein, so daß jeder Teil der Persönlichkeit erlöst werden kann, während sein entsprechender essentieller Aspekt verwirklicht wird. Auf jeden Fall kann der Einzelne das nicht für sich allein tun, außer in äußerst seltenen Fällen. Uns geht es hier mehr um die Effektivität der Lehren für möglichst viele Menschen. Es gibt auch nur sehr wenige Schulen, die so etwas wie die Diamantene Perspektive verwenden, indem sie Schüler zu verschiedenen Lehrern schicken.

Natürlich ist die wirksamste Lehre eine vollständige Lehre, eine Lehre, die alle Aspekte kennt und das Wissen von jedem einzelnen Aspekt enthält. Je mehr Aspekte von Essenz ein Lehrer versteht und verkörpert, um so effektiver ist er. Der effektivste Lehrer, der Lehrer, der die größte Zahl von Menschen erreichen kann, ist also offensichtlich der, der alle Aspekte von Essenz versteht und verkörpert. Er kann die Situation eines jeden Schülers verstehen, kann die Lehre vermitteln, die für den Schüler auf jeder Stufe seiner Entwicklung angemessen ist und kann alle Aspekte manifestieren, so wie sie der einzelne Schüler braucht.

Diese Art Lehrer, der vollkommene Lehrer, ist ein realisierbares Ideal. Es gibt Berichte über solche Lehrer, die die verschiedenen Arten von Persönlichkeit erreichen und einen Schüler durch alle Stufen führen können. Von Buddha ist bekannt, daß er diese Fähigkeit besaß. Er weigerte sich, über allgemeine metaphysische Fragen zu reden und beschränkte seine Reden und Lehren auf die Bedürfnisse des jeweiligen Schülers. Von Mohammed weiß man, daß er gesagt hat: „Sprich zu jedem Menschen entsprechend seiner Fähigkeit zu verstehen."

Viele Menschen, die mit den Wegen innerer Verwirklichung zu tun haben, glauben, daß ein Lehrer, der verwirklicht oder erleuchtet ist, jeden Schüler verstehen kann. Das ist nicht wahr. Fast alle Lehrer sind auf einen oder mehrere Aspekte essentieller Realität spezialisiert. Solche Lehrer können alle Schüler bestenfalls aus ihrer eigenen Perspektive verstehen. Der Lehrer, der in kosmischem Bewußtsein zentriert ist, kann alle Schüler verstehen, aber nur aus der Perspektive seines eigenen Zustands – dem kosmischen Bewußtsein. Sein Verstehen ist präzise und treffend, aber wie wir schon gezeigt haben, ist es vielleicht nicht von der Art, die für den Schüler am effektivsten ist.

Wenn man einen Schüler aus der Perspektive des essentiellen Aspektes versteht, mit dem er gerade beschäftigt ist, dann ist das für ihn viel effektiver als jede andere Art Verstehen. Das ist so, weil es ihn direkt auf eine äußerst unmittelbare und persönliche Weise anspricht, und nur der »vollständige« Lehrer, einer der alle Teile seiner Persönlichkeit aufgelöst hat und der jeden Aspekt von Essenz verkörpern kann, wann immer er gebraucht wird, wird in der Lage sein, jeden Schüler aus der Perspektive zu verstehen, die für ihn am nützlichsten ist.

Der indische Lehrer Sri Aurobindo verstand diesen Punkt genau. Er schreibt, daß jemand, der von dem erleuchteten Zustand wie zum Beispiel dem kosmischen Bewußtsein aus arbeitet, in der Lage sein wird, alle Gesichtspunkte zu verstehen, aber nur so, daß er sie in einem Gesichtspunkt vereinigt – dem des kosmischen Bewußtseins. Aber, so schreibt er, das ist nicht so wirkungsvoll wie ein Verstehen eines jeden Gesichtspunktes aus sich selbst heraus. Er sagt von seinem Werk, es verwirkliche, was er das »Supramental« nennt, das eine Dimension essentieller Verwirklichung sei, ein Bewußtsein, das alle Gesichtspunkte, und alle zur gleichen Zeit und in gleicher Intensität, halten könne.

Das »Diamantene Bewußtsein«, das der Diamantenen Perspektive zugrundeliegt, ähnelt in seiner Fähigkeit, durch alle Facetten zu schauen, Aurobindos »Supramental«. Kosmisches Bewußtsein sieht ohne Facetten – es sieht alles, alle Gesichtspunkte in einer einzigen Perspektive integriert. Das Diamantene Bewußtsein hat alle Gesichtspunkte im Blick, einschließlich des integrierten Gesichtspunktes kosmischen Bewußtseins und sieht alle diese Perspektiven als gleichwertig an.

Hier könnte der Einwand erhoben werden, daß man einen erleuchteten Gesichtspunkt, einen Aspekt von Essenz, nutzen könnte, der einen den ganzen Weg zur Befreiung vom Leiden führen kann, und daß es dann nicht nötig sei, alle Aspekte zu entwickeln. Das ist in gewisser Weise wahr, und die meisten verwirklichten Menschen haben Realisierung auf diese Weise erlangt. Aber uns geht es hier um die Frage der Effektivität, um eine Art der Arbeit, die für eine größere Zahl von Menschen effektiver sein kann. Obwohl es möglich ist, persönliches Leiden zu beenden, indem man nur einen Aspekt oder eine Perspektive – wie Bewußtheit, Willen oder Hingabe – benutzt, ist es bestenfalls ungewiß, ob das auch geschieht. Wie die Geschichte bezeugt, ist die Erfolgsrate dieses Ansatzes ziemlich gering. Die meisten Lehren haben einen oder mehrere Aspekte in ihren Praktiken verwendet. Wenn dieser Ansatz wirklich erfolgreich wäre, würden wir mehr Erfolg und viel mehr verwirklichte und befreite Menschen sehen. Wir begannen dieses Buch aber mit der Einsicht, wie ineffektiv die meisten Lehrsysteme letztlich sind.

Wir können einen bestimmten, gut bekannten Aspekt von Essenz als Beispiel nehmen, um diesen Punkt zu verstehen – den von Energie. Dabei handelt es sich um die reine selbstexistierende Energie, die gewöhnlich Kundalini oder Shakti genannt wird. Viele Lehrsysteme und viele Lehrer benutzen diese Energie, um vollkommene Befreiung zu erlangen. Dieser Ansatz wirkt sicher manchmal, wie die befreiten Individuen bezeugen, die diesen Aspekt von Kundalini benutzt haben.

Doch wenn wir fragen, wieviele Menschen, die mit Kundalini arbeiten, befreit werden, lautet die Antwort: Sehr, sehr wenige. Und Kundalini ist einer der effektivsten Aspekte, wenn er allein angewandt wird. Und es ist auch ein Aspekt, der am leichtesten zu aktivieren ist. Tatsache ist, daß es vielen Menschen gelingt, ihre Kundalini zu aktivieren, aber nur sehr wenige von ihnen können sie nutzen, um sich selbst zu befreien, nicht einmal mit der Hilfe eines verwirklichten Meisters. Die Aktivierung von Kundalini ist nicht dasselbe wie Befreiung und nicht einmal eine Garantie für sie. Diese Aktivierung führt oft nur zu mehr Problemen, mehr Leiden und mehr Stagnation.

Eine sehr strenge Disziplin, ständiges Üben und am besten die Begleitung durch einen sehr geübten und verwirklichten Führer sind nötig, damit Kundalini effektiv genutzt werden kann. Auch wenn all das gegeben ist, bleibt die Erfolgsrate minimal. Das ist so, weil Kundalini, wie jeder andere essentielle Aspekt, nur mit einem Teil der Persönlichkeit in Beziehung steht und nicht mit der ganzen. Damit Kundalini Befreiung bewirken kann, muß nicht nur der Lehrer ziemlich viel Kraft haben, auch Einsatz und Disziplin des Schülers müssen makellos sein.

Man kann das deutlich und auf anrührende Weise im Fall von Muktananda in seiner spirituellen Biographie sehen. Er gehört zu einer mächtigen und gutetablierten Linie, dem indischen Siddhaweg. Sein Lehrer, der Siddhameister Nityananda, ist mächtig, bestimmt und manchmal auch streng mit ihm. Über längere Zeit hinweg aktualisiert und stärkt er Muktanandas Kundalini durch sein eigenes Shakti – seine spirituelle Kraft. In der Biographie erfahren wir aber auch von Muktanandas makelloser Geduld, seiner Ausdauer, seiner vollkommenen Hingabe an seine *sadhana* (Übung), seiner tiefen, unerschütterlichen Verehrung für seinen Guru und seiner steten Disziplin. Nicht nur das, er lebte auch ein Leben von Entsagung, zölibatär und zurückgezogen. Langsam und unter vielen Rückschlägen konnte er unter der Leitung seines Gurus zu höheren Bewußtseinsstufen aufsteigen, zur »blauen Perle« und dann weiter zum kosmischen Bewußtsein. Seine Biographie weist darauf hin, daß seine Kundalini und andere Aspekte in seiner Arbeit vier ursprüngliche, essentielle Aspekte in ihm aktivierten – die er die Rote Aura, die Weiße Flamme, das Schwarze Licht und das Blaue Bewußtsein nennt.

Aber Muktananda ist ein vereinzeltes Beispiel und ein seltener Fall. Wie viele von Muktanandas Tausenden von Schülern haben Befreiung erlangt? Er arbeitete fleißig und ohne Unterbrechung, gab seinen Schülern Shakti weiter, führte sie und inspirierte sie. Viele haben ihre Kundalini aktiviert, viele haben ihr Herz geöffnet. Aber Befreiung entzieht sich ihnen immer noch. Sie bewegen sich immer noch im Kreise, da ihr Leben von ihrer Persönlichkeit bestimmt ist und hoffen und warten auf den magischen Moment. Es ist nicht ihr Fehler und auch nicht der Fehler ihres Gurus. Es ist das grundlegende menschliche Dilemma, daß Leiden, wie fast immer, einfach fortdauert.

Kundalini ist besonders dadurch charakterisiert, daß sie einem Menschen eine erstaunliche Menge Energie gibt, ohne gleichzeitig irgendein Verstehen oder Weisheit zu vermitteln. Im richtigen Kontext kann sie zu Weisheit führen, aber für sich allein vermittelt sie kein Verstehen. Sie löst nicht die persönlichen Themen und Konflikte eines Menschen. Ihre Manifestation kann zum Ich-Tod und zu kosmischem Bewußtsein führen, und dann kann die Essenz erscheinen, sich herabsenken. Aber wenn wir allein auf Kundalini angewiesen wären, bliebe das menschliche Dilemma dasselbe, und für viele Menschen verbessert das nicht die Aussichten.

Und doch gibt es Hoffnung. Es gibt eine einzigartige und schöne Lösung – nämlich Essenz selbst zu nutzen, um die Transformation zu bewirken. Das bedeutet nicht, daß tiefe Arbeit, Eifer und Verehrung unnötig sind. All dies ist trotzdem notwendig, aber es gibt in Essenz eine größere Hilfe und eine genauere Führung.

Wir sagten eben, daß Kundalini ein Aspekt von Essenz ist. Das ist wahr, aber auf eine sehr spezifische Weise – in dem Sinn, daß Kundalini eine wahre Energie ist, die Energie von Essenz. Weil sie Energie ist, sieht man Kundalini aber gewöhnlich nicht als einen Aspekt von Essenz. Essenz im strikten Wortsinn ist unser Sein. Sie ist die eigentliche Substanz von Existenz. Essentielle Aspekte existieren auf der Seinsebene und nicht auf der Energieebene.*

---

* Kundalini nennt man auch die aufsteigende Kraft, im Unterschied zur absteigenden Kraft. Diese, durch die Menschen wie Aurobindo ihre Realisierung erlangt haben, ist nichts anderes als Essenz selbst.

Wenn es nun eine Möglichkeit gäbe, Essenz so zu aktivieren, daß sie ohne Unterbrechung einen Aspekt nach dem anderen manifestieren würde, dann hätten wir die Lösung gefunden. Und tatsächlich gibt es einen Weg, der genau das tut. Dies hat mit einem bestimmten essentiellen Aspekt zu tun, dem Aspekt von Raum – Raum, die Dimension von Leere, die Dimension des Leeren. Wenn ein Mensch Raum erfahren kann, dann wird Essenz sich spontan manifestieren und ein Aspekt dem anderen folgen.

Wie jeder andere essentielle Aspekt ist der Aspekt des Raumes auf einen bestimmten Teil der Persönlichkeit bezogen. Die Arbeit mit diesem Teil, der mit dem Selbstbild zu tun hat, wird die Erfahrung von Raum beschleunigen. Dies aktiviert seinerseits die herabsteigende Kraft, Essenz, in ihren verschiedenen Aspekten. Die Präsenz präzisen Wissens von diesem Aspekt des Raums, zugleich mit der Präsenz des Lehrers, der sie oder alle Aspekte verkörpert, führt leicht und schnell zur Realisierung dieser grundlegenden Offenheit. Das ist so, weil die Themen, die mit diesem Aspekt und mit dem Selbstbild zu tun haben, gewöhnlich bewußtseinsnah sind. Die meisten Menschen sind fast unablässig mit ihrem Selbstbild beschäftigt. Deshalb sind diese Themen für das Bewußtsein zugänglicher als andere Teile der Persönlichkeit.

Wenn die Offenheit des Raumes verwirklicht ist, ermöglicht dies, daß sich auch die anderen Aspekte von

Essenz zeigen können. Raum wird die Leere, die von jedem Aspekt von Essenz gefüllt werden kann. Sehr bald beginnt ein essentieller Aspekt sich dem Bewußtsein zu nähern oder, wie manche lieber sagen, sich in das Bewußtsein herabzusenken. Wie wir aber bei der Diamantenen Perspektive gesehen haben, ist jeder Aspekt mit einem bestimmten Teil der Persönlichkeit verbunden und wird von ihm aktiv abgewehrt. Dieser Teil der Persönlichkeit tritt an die Oberfläche des Bewußtseins und eine besondere Art von Konflikten und Themen beginnt, das Bewußtsein des Menschen zu beherrschen. Fragen, die ihn früher nicht beschäftigt haben, werden jetzt zu äußerst intimen, persönlichen Sorgen. Sie werden brennende Fragen.

Diesen großen Dienst, den Essenz uns leistet, kann man kaum hoch genug schätzen. Weder Kundalini noch eine andere Lehre noch irgendein Lehrer kann tun, was Essenz tun kann. Essenz konfrontiert uns mit Teilen von uns selbst, mit denen wir uns normalerweise aus freier Entscheidung nie auseinandersetzen würden. Wenn ein Aspekt von Essenz sich zu manifestieren beginnt, ändert er unsere Wahrnehmung des entsprechenden Teils der Persönlichkeit von ichsynton zu ichfremd. Wir beginnen mit Teilen der Persönlichkeit, die wir nie zuvor in Frage gestellt haben, die Erfahrung zu machen, daß sie unser Gleichgewicht stören – daß wir unter ihnen leiden oder daß sie Leiden verursachen.

Wenn ein Aspekt von Essenz ins Bewußtsein dringt, wirkt er auf die Persönlichkeit. Essenz ist eine Kraft und der Teil der Persönlichkeit, der zu dem sich manifestierenden Aspekt von Essenz gehört, wird stärker und kräftiger, um in der Lage zu sein, der Essenz Widerstand zu leisten und sie dem Bewußtsein fern zu halten. Die Existenz der Persönlichkeit selbst hängt davon ab, daß sie unbewußt bleibt und ihre etablierten Muster und die Konditionierung aufrechterhalten werden. Die Persönlichkeit will sich nicht ändern. Während Essenz auftaucht, wird der Konflikt zwischen Essenz und Persönlichkeit verschärft und deutlicher sichtbar. Der Konflikt zwischen dem unkonditionierten und dem konditionierten Teil wird zum Zentrum der Aufmerksamkeit. Der relevante Teil der Persönlichkeit wird sich jetzt immer stärker im Bewußtsein manifestieren, bis es für uns unausweichlich wird, ihn anzuschauen und mit ihm auf eine reale und effektive Weise umzugehen. Es wird notwendig für uns, die Themen zu verstehen und zu lösen, die zu diesem Teil der Persönlichkeit gehören. Es wird schwieriger, sie zu vermeiden und zu ignorieren als sich mit ihnen auseinanderzusetzen.

Hier wirkt Essenz als ein perfekter Lehrer. Sie versucht nicht, uns mit Teilen der Persönlichkeit arbeiten zu lassen, die wir persönlich als ichsynton und als synton mit unserem Wohlbefinden erfahren, wie die meisten Lehrsysteme. Sie unterbricht vielmehr unser gewohntes Gleichgewicht. Kraftvoll und dabei sanft und auf angemessene Weise deckt sie auf, wie jeder Teil der Persönlichkeit unseren eigentlichen Interessen fremd ist und ihnen widerspricht. Kein menschlicher Lehrer kann so präzise, so effektiv und so angemessen sein.

Wenn sich zum Beispiel der essentielle Aspekt von »samadhi« dem Bewußtsein nähert, bringt er die Themen um Begehren ans Licht. Man wird anfangen, in der eigenen Erfahrung zu sehen, wie Begehren zu Leiden führt. Man kann nicht anders, als das Wesen des Begehrens, seine Bewegungen und seine Wirkungen zu erleben. Man wird es nicht so sehen, wie Buddha oder Krishnamurti es beschreiben, sondern aus eigener Erfahrung. Man wird gezwungen, zu erfahren, wie das Haften am Begehren Harmonie und innerem Frieden entgegengesetzt ist. Es wird notwendig werden, die eigenen Begierden zu verstehen. Man wird sich persönlich und tief nach einem Zustand ohne Begehren sehnen. Das wird so geschehen, auch wenn man nie von einer Lehre über Begehren gehört hat, und sogar auch dann, wenn man sich niemals einen Zustand ohne Begehren vorgestellt hat.

Dieses Sehnen, dieses persönliche und intime Verlangen nach einem Zustand ohne Begierden, ist das Sehnen nach dem essentiellen Aspekt von »samadhi«. Wenn er ins Bewußtsein drängt, deckt er nicht nur die entsprechenden Themen auf, er bringt auch den Mangel an Frieden und innerer Ruhe ins Bewußtsein und weckt die Sehnsucht nach diesem Zustand, in dem man nichts begehrt. Diese Bewußtheit eines Mangels, dieses Loch im Sein, dieser Mangel am vollkommenen inneren Frieden des begierdelosen Zustandes von »samadhi«, bewirkt zwangsläufig, daß man sich nach diesem essentiellen Aspekt sehnt, selbst wenn man nicht weiß, daß es einen solchen Aspekt gibt.

Was für ein Lehrer Essenz doch ist! Sie legt die anstehenden Themen frei, läßt sie uns als dyston erkennen, läßt uns den Mangel eines essentiellen Aspektes fühlen und bewirkt, daß wir uns nach ihm sehnen. Jetzt wird die Lehre über Begehren zu unserem persönlichen Anliegen. Es ist nicht mehr nur Buddhas, es ist jetzt unser persönliches Anliegen. Es ist ein so brennendes Thema für uns, eine so brennende Frage, daß wir uns unter Schmerzen nach einer Antwort, einer Lösung sehnen. Wir haben keine Ruhe mehr. Die Nähe von Essenz läßt uns nicht ruhen, bis wir die Antwort finden und bis wir zur Lösung gelangen.

Essenz ist noch wunderbarer und schöner als das. Sie tut viel mehr, als die Persönlichkeit bloßzulegen und aufzuzehren. Wenn sie sich dem Bewußtsein nähert, fangen wir an, intuitives Verstehen unserer Situation und unseres Dilemmas zu erlangen. Wenn unser Bewußtsein von dem sich manifestierenden Aspekt berührt wird, erfüllt Essenz uns mit ihrer Qualität, mit ihrem Wissen, mit ihrer Lehre und mit ihrem Verstehen. Langsam beginnen wir, die Lehre in Bezug auf Begehren aus uns selbst zu bekommen, von unserer eigenen Essenz. Das Verstehen, das wir bekommen, entspricht vollkommen unserer Situation. Es spricht zu uns, und es löst unsere persönlichen Konflikte. Dieses Verstehen ist gelebt und lebendig.

Wenn der begierdelose Aspekt von Essenz zu erscheinen beginnt, erfüllt er unmittelbar unser Bewußtsein. Das Verstehen unseres Leidens und unserer Konflikte um Begehren fällt mit dem Erscheinen von Essenz in unserem Bewußtsein zusammen. Das intuitive Verstehen von Begehren löst den entsprechenden Teil der Persönlichkeit auf. Und wenn dieser Teil der Persönlichkeit in dem Wissen weggebrannt wird, das dem essentiellen Aspekt entströmt, wird die Essenz frei, sich zu manifestieren. Jetzt sind wir nicht nur von dem begierdelosen Zustand von »samadhi« erfüllt, wir sind der Zustand der Begierdelosigkeit selbst. Der essentielle Aspekt wird das Bewußtsein, wird unser Sein und unsere Präsenz. Wir wissen jetzt, was es heißt, ohne Begehren zu sein, weil wir nicht nur begierdelos sind, sondern weil wir Begierdelosigkeit selbst sind. Wir sind jetzt der essentielle Aspekt von »samadhi« – begierdelos, friedvoll, gelassen, ausgedehnt und tief. Keine Bewegung von Begehren. Keine Bewegung von Festhalten. Kein Klammern an irgendetwas.

Kein menschlicher Lehrer kann einem Schüler einen solchen Dienst erweisen. Er kann den begierdelosen Zustand verkörpern und manifestieren, aber Essenz erlaubt uns, Begierdelosigkeit zu schmecken, erfüllt uns mit der Substanz und dem Bewußtsein des begierdelosen Zustands von »samadhi« selbst. Sie manifestiert diesen Aspekt in uns als uns selbst, als unser Sein und Wesen. Jetzt wissen wir wirklich, weil wir jetzt sind, was wir wissen. Wir brauchen auf keinen Lehrer zu schauen. Wir haben den vollkommenen Lehrer in unserem eigenen Sein.

Ein wichtiger Punkt, den es hier zu verstehen gilt und der von vielen Lehrsystemen nicht gesehen wird, ist, daß Essenz immer gebraucht wird, damit das richtige Verstehen entstehen kann. Die meisten Lehrer behaupten, daß der von Konditionierungen verdunkelte Geist zuerst seine vielen eigenen Wege, mit etwas umzugehen, verstehen und sehen muß, und dann erst anhält und Essenz sich manifestiert. Das Interessante ist, daß diese Lehrer zugleich behaupten, daß der Geist sich selbst nicht befreien kann.

An den Beispielen, die wir bisher gegeben haben, sehen wir, daß der Geist das notwendige Verstehen nicht allein erlangen kann. Er ist wahrhaft unfähig, sich selbst zu befreien.

Allein die Präsenz von Essenz macht es dem Geist möglich zu sehen und zu verstehen. Wenn der passende Aspekt von Essenz präsent ist (obwohl man sich dessen vielleicht nicht bewußt ist), dann erfüllt er das Bewußtsein mit seiner eigenen Realität. Nur dann ist der Geist in der Lage zu sehen. Die Realität, die verstanden werden soll, muß da sein, und sie muß den Geist berühren, damit er sehen und verstehen kann.

Das Verstehen solcher fundamentaler Realitäten wie Begierdelosigkeit oder Selbstlosigkeit ist tatächlich das Verstehen bestimmter Aspekte von Essenz – wenn diese Aspekte nicht präsent sind, dann kann der Geist nicht verstehen. Verstehen kann dann bestenfalls intellektuell sein.

Die zentrale Funktion des Lehrers besteht eigentlich darin, die Essenz zu verkörpern. Weil er Essenz ist, kann er sie dem Schüler, der für sie empfänglich ist, vermitteln. Dann wird die Präsenz von Essenz in dem Schüler zur Transformation führen.

Es ist wahr, der Geist muß antworten, muß sehen und verstehen, damit es zur Transformation kommen kann. Sonst blockiert er die Kraft der Essenz. Der Geist leistet zwar einen Teil der Arbeit, kann aber nicht die ganze Arbeit machen. Die andere Hälfte der Arbeit, die grundlegendere Hälfte, wird von Essenz selbst, allein durch ihre Präsenz geleistet. Essenz ist die transformative Wirkkraft.

Essenz ist ein unnachgiebiger Lehrer. Sie macht nicht bei irgendeinem Aspekt Halt. Nachdem ein Aspekt verstanden und realisiert ist, beginnt sie, einen anderen Aspekt zu manifestieren. Dieser Aspekt bringt seinerseits den besonderen Teil der Persönlichkeit ins Bewußtsein, der mit ihm verbunden ist und macht es für uns unausweichlich, ihn zu verstehen und zu lösen. Der auftauchende Aspekt läßt uns den Mangel fühlen, der durch das Fehlen der diesem essentiellen Aspekt innewohnenden Qualität hervorgerufen wird. Er bewirkt, daß wir uns nach ihm sehnen. Sanft aber andauernd, intelligent und wissend setzt er uns unter Druck, damit wir beginnen, uns nach ihm zu sehnen. Dann versorgt er uns mit den Einsichten und dem intuitiven Wissen, die uns dabei helfen, unsere Disharmonie zu verstehen. Und schließlich zeigt sie sich selbst, und führt unsere Erfahrung zu einem Gipfel, wenn sie sich selbst als eine vollständige und absolute Lösung für unsere Konflikte manifestiert.

Essenz ist dann der Lehrer und das Gelehrte zugleich. Essenz ist dann die Freiheit. Essenz ist dann die Verwirklichung. Essenz ist dann die Erfüllung. Essenz ist dann das Sein. Essenz ist dann das Wesen selbst und die Substanz des Menschen. Essenz ist dann die Erfahrung, das Erfahrene und der Erfahrende. Essenz ist dann die Wahrheit. Essenz ist dann das Wesen aller Realität.

Dieser Prozeß essentieller Entwicklung setzt sich fort, während die Persönlichkeit geklärt und durchgearbeitet wird. Essenz zeigt sich dem Bewußtsein eines Menschen als wahre Stärke, wahrer Wille, wahre Freude, wahres Mitgefühl, wahre Liebe, wahrer Frieden, wirkliche Wahrheit, wahre Erfüllung, wahres Bewußtsein, wahre Bewußtheit, wahres Wissen, wahre Freiheit, wahres »samadhi« – während ein Aspekt auf den anderen folgt. Der erstaunliche Reichtum von Essenz zeigt sich darin, daß es einen essentiellen Aspekt für jede wichtige menschliche Situation oder Lage gibt. Der Aspekt, den man erfährt, wird als die vollkommene und genaue Erfüllung dieser Situationen erlebt. Die Genauigkeit, die Präzision und die Stimmigkeit daran sind erstaunlich. Die Schönheit essentiellen Handelns kann das Bewußtsein nur mit Staunen erfüllen.

Es gibt zum Beispiel einen Aspekt, der sich auf Lust bezieht und sich von dem Aspekt von Freude unterscheidet, der seinerseits von dem Aspekt von Erfüllung und der wiederum vom Aspekt von Zufriedenheit unterschieden wird und so weiter. Es gibt einen Aspekt persönlichen Willens, der sich vom universalen und vom göttlichen Willen unterscheidet. Dann gibt es den Aspekt essentiellen Gewissens, der den Lebensstil und die Umgehensweise mit anderen Menschen prägt. Es gibt Aspekte, die zur Harmonie in der eigenen Umgebung führen. Es gibt einen Aspekt, der als Beschützer des essentiellen Lebens wirkt und der sich vom Aspekt des Verteidigers von Essenz unterscheidet. Es gibt Aspekte, die sich auf Liebe und ihre verschiedenen Manifestationen beziehen. Es gibt eine leichte, weiche Liebe, Liebe als Mitgefühl, verschmelzende Liebe, leidenschaftliche Liebe, göttliche Liebe und so weiter. Der Reichtum und die Schönheit von Essenz sind endlos. Und das Schöne ist, daß dieser Reichtum zur gleichen Zeit bewirkt, daß persönliche Konflikte und Disharmonien gelöst werden.

Die Persönlichkeit verliert langsam ihren festen Zugriff. Die Konditionierungen werden langsam gelöst und das Ego wird in seinem Bankrott bloßgestellt. Schließlich manifestiert sich der Aspekt des Todes und dann beginnt sich die Identifikation mit dem Ego aufzulösen. Das markiert den Eingang in den göttlichen Bereich von Essenz, wo Gnade und Erbarmen beginnen, sich in das Bewußtsein herabzusenken und mehr und mehr Ich-Grenzen auflösen. Das führt letztlich zum Verstehen von Erleuchtung und dem Auftauchen des Höchsten Aspektes. Es gibt sogar einen Aspekt, der mit der Suche und mit dem Ende des Suchens zu tun hat.

Das wiederum bewirkt die Manifestation der Größe, der Majestät, des Exquisiten, des Zaubers und der Schönheit von Essenz. Jetzt braucht das Ich nicht mehr getötet zu werden. Man braucht nicht gegen das Ich Krieg zu führen, es zu besiegen oder zu zerstören. Das Ich kann beim Erkennen der reinen Schönheit von Essenz und der ganzen Existenz nur zerfallen. Es kann in der Erfahrung der überwältigenden Präzision und Feinheit von Essenz nur schmelzen. Es kann sich nur verneigen und hingeben, wenn es der Größe und Majestät von Realität gewahr wird.

Essenz – der Lehrer, der Verführer – wird letztlich der Stoff unseres Bewußtseins selbst, die Substanz unseres Seins selbst, die Schönheit der ganzen Existenz.

Kein Wunder, daß man Essenz die Wirkkraft innerer Verwandlung nennt, das Elixier der Erleuchtung. Das Elixier ist die Hoffnung, es ist die Lösung und es ist die Erfüllung.

Ridhwan Schule

Diese Schule ist eine Schule, die der inneren Arbeit, der Entdeckung, der Entwicklung und der Erhaltung der menschlichen Essenz (Wesenskern) gewidmet ist.

Die Quelle unserer Arbeit ist die aller authentischen Schulen der inneren Arbeit zu allen Zeiten und an allen Orten. In unserer Schule wenden wir jedoch eine neue Methode für die Arbeit der Befreiung an. In dieser Methode haben wir – auf eine spezifische und präzise Art – Teile des alten Wissens über die menschliche Essenz und ihrer Entwicklung mit dem zeitgenössischen Wissensbestand, der unsere heutige Mentalität bestimmt, integriert. Insbesondere haben wir verschiedene Aspekte des Wissens und der Technik der wesentlichen Schulen der Psychologie und der Psychotherapie (auch der körpertherapeutischen Ansätze) studiert, erweitert und an die Arbeit der Befreiung und Selbstverwirklichung angepaßt. Unsere Methoden und Techniken entwickelten sich inmitten der jüngsten Erkenntnisse der verschiedenen psychologischen Schulen. Ridhwan-Gruppen gibt es in den USA, Kanada und seit April 1991 auch in Deutschland. Die Kurssprache ist Englisch.

Weitere Informationen bei:

Rosy Breitkopf, Schifferstraße 374,
26842 Ostrhauderfehn,
Tel. 04952-9429-55, Fax -36

A.H. Almaas

Essenz

»Essenz« ist in seiner Synthese westlicher und östlicher Ansätze zu psychologischer und spiritueller Entwicklung ein revolutionäres Buch. Almaas scheint von unmittelbarer persönlicher Erfahrung aus zu schreiben, und seine Sprache hat wie jeder Ausdruck unvergänglicher Weisheit die einfache Kraft und den tiefen Klang der Wahrheit.

Yoga Journal

A.H. Almaas

Essentielle Verwirklichung

Band 1 der Reihe: Der diamantene Weg des Herzens

In diesem Buch beschreibt A.H. Almaas auf anschauliche Weise die Grundlagen des diamantenen Wegs der inneren Arbeit. Er widmet sich Fragen wie: Erwachsenwerden, Vertrauen, Wahrheit und Mitgefühl und vermittelt auf eindrückliche Weise seine Theorie der Löcher, deren Verständnis der erste Schritt zu unserer essentiellen Verwirklichung ist.

• IM ARBOR VERLAG ERSCHIENEN •

A.H. Almaas

Essentielle Verwirklichung
Essentielle Befreiung
Essentielles Sein
Das wirkliche Leben beginnt jetzt

Band 1 – 4 der Reihe: Der diamantene Weg des Herzens

In dieser Buchreihe beschreibt A.H. Almaas auf anschauliche Weise die Grundlagen des diamantenen Wegs der inneren Arbeit. Er widmet sich Fragen wie: Erwachsenwerden, Vertrauen, Wahrheit und Mitgefühl und vermittelt auf eindrückliche Weise seine Theorie der Löcher, deren Verständnis der erste Schritt zu unserer essentiellen Verwirklichung ist. Die Befreiung aus den Fesseln unserer Konditionierung und die Realisierung unserer ursprünglichen, essentiellen Natur in erfreulich klarer und unmittelbarer Weise beleuchtet. Eine Buchreihe, das Ihr Leben verändern kann.

ISBN 978-3-924195-41-0
ISBN 978-3-924195-42-7
ISBN 978-3-924195-56-4
ISBN 978-3-936855-22-7

• IM ARBOR VERLAG ERSCHIENEN •

Jiddu Krishnamurti

Wie willst du leben?

Krishnamurtis Vision eines erfüllenden Lebens wird hier in inspirierender und äußerst kompakter Form lebendig.

Bildung und Erziehung, Arbeit und Geld und unsere menschlichen Beziehungen werden von Jiddu Krishnamurti in diesem Buch auf ihre Bedeutung für unsere menschliche Existenz befragt.

- Wollen Sie nicht herausfinden, was Sie in Ihrem Leben wirklich von Herzen tun wollen, anstatt einfach nur auf eine Karriere hinzuzielen?
- Sind Ehrgeiz und Wettbewerb wirklich notwendig, um in dieser modernen Welt zu leben?
- Was ist Ihre Antwort auf die Probleme der Gesellschaft wie Armut, Korruption und Gewalt?
- Worin gründet Ihre Beziehung zu Ihren Eltern und Lehrern? Verdrängung? Rebellion? Verständnis?
- Wie gehen Sie mit Ihren eigenen psychischen Problemen wie Langeweile, Eifersucht, Schmerz, Vergnügen, Angst und Trauer um?
- Was sind Ihre Ansichten zum Sinn menschlicher Existenz, zu Tod, Meditation, Religion und Gott?

ISBN 3-936855-27-7

Gerne informieren wir Sie über unsere weiteren Veröffentlichungen. Schreiben Sie uns oder besuchen Sie uns im Internet unter:

www.arbor-verlag.de

Hier finden Sie umfangreiche Leseproben, aktuelle Informationen zu unseren Büchern und Veranstaltungen, Links und unseren Buchshop.

Arbor Verlag • D-79348 Freiamt
Tel: 0761. 401 409 30 • info@arbor-verlag.de

arbor